犹太人是如何思考的

HOW DO JEWS THINK

追寻犹太人的生存哲学，探秘犹太人的思维方式

赵墨 赵磊／著

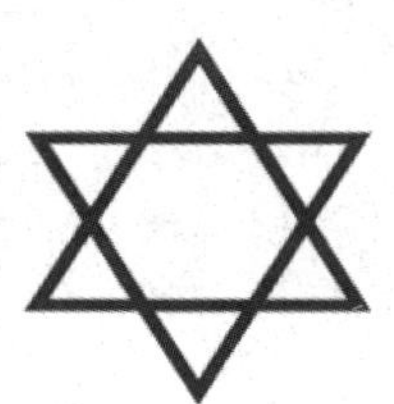

九州出版社
JIUZHOUPRESS

图书在版编目(CIP)数据

犹太人是如何思考的 / 赵墨，赵磊著. -- 北京：九州出版社，2018.12

ISBN 978-7-5108-7757-5

Ⅰ. ①犹… Ⅱ. ①赵… ②赵… Ⅲ. ①犹太人－成功心理－通俗读物 Ⅳ. ① B848.4-49

中国版本图书馆 CIP 数据核字（2018）第 291739 号

犹太人是如何思考的

作　　者　赵 墨 赵 磊 著
出版发行　九州出版社
地　　址　北京市西城区阜外大街甲 35 号（100037）
发行电话　(010)68992190/3/5/6
网　　址　www.jiuzhoupress.com
电子信箱　jiuzhou@jiuzhoupress.com
印　　刷　天津兴湘印务有限公司
开　　本　710 毫米 ×1000 毫米　16 开
印　　张　15
字　　数　223 千字
版　　次　2019 年 3 月第 1 版
印　　次　2019 年 3 月第 1 次印刷
书　　号　ISBN 978-7-5108-7757-5
定　　价　39.80 元

前言

从古至今，人类一直都在思考之中不断进化发展着。

一言一行的表达，一花一草的触动，一暖一冷的感知，都与思考紧密相关。从来没有不会思考的人，只有不善于利用自己的思考去改变命运的人。而在这个漫长而惊险的世界，思考是生存的必备武器之一。关于这一点，犹太人是心知肚明的。

作为最善于思考的民族，犹太人是悲壮的、优雅的、深沉的。我们挖掘他们文化中的思想宝藏，并非是吹捧他们的民族优越性。我们要从被他们视为珍宝的文化精粹之中，找到可以为我们所用的地方——毕竟，中华民族与犹太民族在很多方面有着相似之处：我们有着独立完整的信仰体系，有着傲立于世界民族之林的自豪感，有着强烈的集体主义观念……这些相似点，都是两个民族之间文化交流的基础。两大民族的共通性，是我们探索犹太人成功奥秘的门户。

下面，请各位读者跟随本书，一同深度探索“犹太人是如何思考的”这一重要的人生课题吧！

目录

第一章 思考是生存的需要

第二章 正思维，正能量

第三章 逆水行舟，不进则退

第四章 合作，民族发展的根基

第五章 敢于冒险，才有突破

第六章 时间是公平的

第七章 创造，发出不一样的光彩

第八章 站在高处，把控全局

第九章 让自己的思想插上翅膀

第十章 凡事学会问个“why”

第十一章 效果，思考的目的

第一章

思考是生存的需要

在历史长河中，所有的民族都或多或少地遭遇过生存上的危机。

如果说强大的环境适应力与文化融合力是我们中华民族屹立于世界民族之林的强大基因，那么“置之死地而后生”的求生智慧，就是犹太人背负着民族危亡重担，依然昂首前行的重要武器。

犹太人的思考力量源自他们对生存的渴望，更多的是一种自我防卫的本能刺激。身为崇尚智慧的民族，犹太人用一个又一个成功的事例向世人证明，世界上的犹太民族永远不会消失，永远为世界文明做着卓越的贡献！

独立意识，思考的立足点

对犹太民族而言，创造了犹太历史的亚伯拉罕，代表这个民族独立于世界的开始。他的故事，就是一个民族故事的缩影。这个人身上发生的神奇经历，是后世人针对他塑造出的一抹又一抹的重彩浓墨。犹太民族对祖先的敬仰，是民族特色文化的起点。它与这个民族的生存与发展密切相关，并引导着他们走向未来。而犹太教就在这种对祖先的想象与思考之中，慢慢地萌出了新芽。他们从“自己是谁”的问题开始思考，向宇宙的终点不断延伸！

公元前586年，决定彻底灭亡犹太王国的巴比伦国王，毁掉了那个“流着蜜汁与奶的应许之地”——耶路撒冷。36万犹太人经历艰苦的跋涉，背负着沉重的创伤，拖家带口地来到了异国他乡。在巴比伦士兵的押解下，他们来到了巴比伦城，成了“巴比伦之囚”。

此时的巴比伦国王得意无比，便刻意打造自己以德行感化万国的个人形象，以彰显自己胸怀宽广的伟人风范。对这些身为战俘的犹太人，他选择“法外开恩”，给了他们较为宽厚的生存条件。

但是，那些背负着国难家仇的犹太人，他们的精神是非常苦闷的。那种独立的民族意识，使他们无法忘记亡国后的耻辱。于是，他们把对故国的怀念与身在异国之中的忧愁，写在了《圣经》的诗篇里。不仅如此，他们还频繁地相聚，要么一同回忆那遥远的家乡往事，要么共同探讨摩西传下来的律法章程。

可以这样讲，自己的民族将拥有怎样的未来，在异国中如何保全自己的民族特色，成为犹太知识分子深度思考的重点问题。在巴比伦帝国覆灭之后，这种思考的习惯推动了犹太民族顺利地回迁故土与复国，实现了耶路撒冷圣殿的重建与兴盛，并使犹太人积累了很多关于生存的理性反思与经验。

对自身习俗的坚守，成为这个多灾多难的民族与其他民族区别的一个有力武器。这是一种自我辨识度高、归属感强烈的特色化生活，化作那些分散在世界各地的犹太人骨子里的民族自豪感。有了对传统习俗的坚持，便有了民族独立的基础。毕竟，一个民族复兴的重要守则之一，是这个民族一代又一代对其传统习俗的忠诚信仰。

罗斯柴尔德家族是传统的犹太人大家庭，尽管他们手中掌控了大量财富，但他们仍然坚守着犹太民族的固有传统，并对犹太人的相关利益进行力所能及的保护。在这个家族的信条之中，比起自己能够获得多少回报，他们将对整个犹太民族利益的维持看得更加重要。这个家族一直坚守着犹太民族内部通婚的古老传统，极力维护其自身作为犹太人的纯正血统与正统信仰。

1820年，罗斯柴尔德家族的继承人内森宣布，不和任何一个拒绝给予犹太人公民权益的德国城市进行贸易往来。在与罗斯柴尔德家族经济关系密切的德国商业界看来，这种宣言无疑是向这个国家的固有反犹主义行径进行正面宣战。罗斯柴尔德家族在全世界经济领域的影响力实在太大了，德国政府于是选择了一定程度上的妥协，使得犹太人在德国的地位获得了明显的提升。

在19世纪，英国伦敦的罗斯柴尔德家族银行公开宣布，绝对不向俄国沙皇贷款。这其中的原因是众人皆知的，此时沙俄政府出台了一系列带有反犹主义倾向的政策，不断迫害身在俄国的犹太人。在1850年，当罗斯柴尔德家族向罗巴教皇放贷之际，向梵蒂冈提出了严正请求，要求将罗马城中的犹太隔都拆除。

一个家族利用自己的影响力为整个民族所做的贡献，是千千万万犹太人为了民族独立奋斗的缩影。只不过由于这个家族举足轻重，历史才将他们的行为记载了下来。

从这个故事中不难看出，犹太家庭对民族传统习惯的坚持、民族独立意识的强化，是一代又一代的犹太人共同努力的结果。

19世纪八九十年代，俄国、德国等国家出现的反犹太主义浪潮，进一步刺激了犹太复国主义思潮与犹太复国运动的不断兴起。而在这场旷日持久的思潮运动中，涌现出一大批优秀的思想家与文学家。在同样认为“文以载道”的犹太文学家那里，犹太复国主义思想成为他们最常表达的沉重主题。而文学界的代表人物之一，就是以色列籍作家、希伯来文小说家萨缪尔·约瑟夫·阿格农。

阿格农原名希莫尔·优素福·恰奇克斯，于1888年7月16日出生于奥地利巴哈奇小镇的一个犹太人家庭。他在童年时期受到厚重的犹太宗教文化熏陶，8岁时便开始每天写下一首诗歌。

19世纪末，在欧洲各国的犹太资产阶级发起了犹太复国运动，号召犹太人从世界各地回到巴勒斯坦重建国家。年轻的阿格农也积极地投入了这场复国运动中，于1910年搬到了圣城耶路撒冷。在那里，他开始从事写作与文学研究。

阿格农温文尔雅，有着渊博的犹太历史知识，对犹太教法典上的典故与传说信手拈来。他一生多产，著有60余篇作品，以短篇小说为主。1966年10月20日，瑞典文学院宣布授予阿格农诺贝尔文学奖，而授奖理由是：“由于他的深刻而有特色的叙事艺术，能从犹太人民的生活中汲取主题。”

阿格农对犹太民族文化怀有真挚的感情，用自己手中的笔描绘了一代犹太人民的生活体验，彰显了犹太复国梦想的深刻含义。对他来说，“耶路撒冷就是太阳”。犹太民族那无比灿烂的历史文明哺育了他，为他笔下的作品提供了丰富而细腻的艺术积淀。阿格农认为，犹太文学是独特的，是不容被时间遗忘的，因此他放弃用其他语言进行写作，而使用其实早已荒废的希伯来文。毕竟，民族语言也好，民族文字也罢——只要它们是鲜活的，这个民族的文化也就能够永远存在下去！

保持民族文化的独立性是不容易的，它涵盖了社会关系中的太多内容。对犹太文明的独立来说，文学创作只是其中的一件武器，更多的还是需要依靠各行各业的犹太人共同坚守与保护。

犹太民族是不擅长遗忘过去的民族，他们将所遭受的杀戮、驱逐、逃亡经历铭记于心，对自身被迫异化有着强烈的抵触心理。擅长思辨的民族，很早便知道独立思考是他们在这个世界安身立命的基础。前人的血泪经验铺就的道路，早已为犹太人的生存提供了精准的行为法则。

《塔木德》里说：“只要你生存着，就永远不要依赖任何人，不管是儿子还是妻子，兄弟还是朋友。”亲朋都不可以完全依赖，更何况那些异国他乡的统治者？想要在异国的土地上求得一席之地，最后还是需要依靠自己！

心灵寄语

独立的意识与精神是一个人确保自己能够拥有完整人格的前提。当我们遇到一个问题时，自己不知道如何是好，这时盲目地听众他人的建议，很容易造成困惑与伤害，甚至在他人的教唆下走上歧路。凡事需要拥有自己的主见，知道应该怎样做才是得体的，就不会拥有太多遗憾与懊悔。

“知识是甜蜜的”

所有民族都非常重视知识的积累与传承，因为它是本民族先人们社会经验与人生智慧的总结。每一个民族都有独特的认知方法，犹太人也不例外。

对犹太民族来说，知识承担着教授他们如何求生的重任，这是犹太祖先在不断逃亡的过程中总结出来的经验之谈，是用来保证本民族的纯正血统得以延续的重要手段。在这一点上，犹太民族和中华民族一样，有着足够清醒的认知。因此，从尊重知识的程度来看，犹太人和我们是不相上下的。

《圣经》里关于“摩西十诫”的诸多传奇故事，成为犹太教对知识敬重的最古老力证。“摩西十诫”所确定的道德条律，成为指导早期犹太人如何生活的重要知识。犹太人对知识的尊重，最突出的事迹体现在对《圣经》这本经典著作的保护上。那装载着两块雕刻“摩西十诫”石板的约柜，便成为他们美化知识的重要装饰物。

约柜选用极其华贵的材料进行制作与装饰，彰显出了这部重要法令的神圣不可侵犯。不管是迁徙各地，还是行军打仗，犹太人都会将约柜装到专车上跟随他们前行。那两块放在约柜中的石板，是他们前行的力量源泉，并赋予不同寻常的传奇色彩。

知识的教化作用，在于让人们懂得到底什么事情是应该做的，什么事情是不应该做的。但是，尽管各民族所遵守的具体道德法律有很多不同之处，有一点是他们共同信奉的原则：先人们总是在用他们力所能及的方式，努力向自己的后代证明——知识是美好的，知识是值得尊重的。不管是石板还是约柜，都是犹太知识分子对知识典籍的美化包装，同样体现着这个民族对知识的敬重之情。

让孩子从小体会到知识的美好，让他们爱上看书、爱学知识，这些并不是容易做到的事。因为这些知识典籍本身是人生经验的抽象总结，不易被婴幼儿直观感受。这并不能难倒犹太人，他们对知识的启蒙教育有独门秘籍。在《塔木德》中，这样记载他们的做法：

> 犹太小孩在第一次上课那天，都需要穿上自己最好的衣服，并由拉比或其他有学问的人带着到教室里。随后，这些小孩子会得到一块洁净的石板。在石板上面，老师会用蜂蜜写上希伯来字母和简单的《圣经》文句。孩子们一边读着字母的名称，一边把石板上的蜂蜜舔食干净。随后，老师还要请他们吃蜜糕、苹果和核桃。

经历了无数磨难的岁月流转，犹太人依旧坚定地认为，无知的人不可以做商人。因为他们曾被迫四处漂泊，会经常体验到早上腰缠万贯、晚上一贫如洗的戏剧化经历。动荡的生活，使犹太人认为在这个世界上，金钱可以被夺走，而知识却不会被夺走。他们觉得，只有自己拥有足够的知识，才能真正改变自己的命运和前途。

希莱尔长老是一个穷人，虽然他每天都非常辛苦地工作，但是挣到的钱却仍然有限。他用自己收入的一半付给了一个学院的门卫，让门卫同意他到学院中学习知识。

在安息日前的一个晚上，希莱尔并没有挣到可以进入学院里的钱。于是，学院的门卫便把他拦在了门外。可是，希莱尔的学习欲望非常强烈，他便爬到了教室的房顶上面听课。他将头紧紧地贴在冰冷的屋顶上，认真地倾听智者施玛和阿弗塔场授课。此时正值冬天时节，天空飘起了鹅毛大雪。可是希莱尔却不顾饥寒，依然非常专注地学习着，没有注意到雪都快将自己的身体给盖住了。

到了第二天早晨，施玛对阿弗塔场说道："兄弟，以前每天这间屋子里都挺亮的，怎么今天却有些暗呢？外面是不是阴天了？"于是他们便抬起头向屋顶看去，发现有一个趴在屋顶上的人形物体。于是，他们便爬到房顶上，发现了快要被冻死的希莱尔。

这个故事后来演变成一句激励犹太孩子努力学习知识的话："你比希莱尔还穷吗？你比希莱尔还缺少学习时间吗？"

只要和犹太人深入接触，就会发现他们的知识面都很广，这是因为他们从小就将学习知识、钻研学问当成自己毕生的追求。犹太人对书籍的热爱更是超乎常人想象。《塔木德》是所有犹太人都需要学会的经典著作，不论是贫穷家庭还是富有家庭，所有犹太人的桌子上都会放置一本《塔木德》。可以这样讲，犹太人的成功离不开犹太民族对书籍的热爱。

“活到老学到老”，这句话非常适用于犹太民族。犹太人认为学习是一辈子的事，而不仅仅属于人生的某一个阶段。

1493年，葡萄牙国王若昂下的一道命令使在当地生活的犹太人生不如死。若昂学习邻国西班牙政府，决心在葡萄牙进行犹太教的灭绝政策，要求所有在葡萄牙境内的犹太会堂和《塔木德》研究院全部关停。这条政令还要求将犹太教的典籍全部烧毁，但不会为此杀掉犹太人。这道政令，让当时的犹太人感到痛不欲生——没有书籍相伴的岁月，跟一具行尸走肉又有什么区别？

对当时生活在葡萄牙的大多数犹太人来说，那些装满希伯来经典书籍的麻袋和箱子，是他们身在异乡的精神安慰。在漫长的流亡途中，这些和自己共同经历磨难的书籍，早已与他们的生活融为一体、不可分割。可是，这样的精神安慰也要被葡萄牙政府剥夺了。有些犹太人因为太爱自己的书而紧紧抱住不放手，遭到了葡萄牙官员的严酷殴打。

即便如此，被折磨得心惊肉跳的犹太人依旧想尽一切办法将自己的书籍偷偷保留下来。拉比亚伯拉罕·沙巴亲眼看到自己的同胞因为拒绝将书交出来而遭受了鞭打，所以就想出一个办法：他偷偷地把自己认为最珍贵的书带出了城，藏到了一棵老橄榄树的树洞里。

他只是千千万万犹太藏书者中的一个，很多犹太人都在想方设法地保护自己的这些文字财宝。对犹太人来说，没有文字的生活是空洞的，他们必然与书籍相伴一生。因此，说他们“嗜书如命”是极为恰当的，在他们的心中，书籍比自己的性命更重要！

犹太人在学习的道路上孜孜不倦，像海绵一样吸收书籍中的丰富知识。不论是身处富裕安逸的生活中，还是颠沛流离的路途中，他们将这样美好的学习传统延续到了今天。

最后，还是用《塔木德》中的话说明知识带给这个民族的魅力吧——

有知识的人能够拥有一切，但是没有知识的人能够拥有什么呢？一旦人可以拥有知识，那么他还缺少什么呢？如果一个人不能掌握知识，那么他能拥有什么呢？

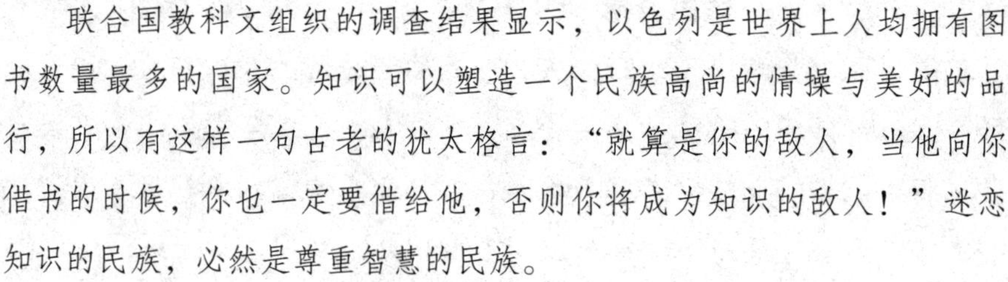

心灵寄语

联合国教科文组织的调查结果显示，以色列是世界上人均拥有图书数量最多的国家。知识可以塑造一个民族高尚的情操与美好的品行，所以有这样一句古老的犹太格言："就算是你的敌人，当他向你借书的时候，你也一定要借给他，否则你将成为知识的敌人！"迷恋知识的民族，必然是尊重智慧的民族。

原则，做事的底线

原则对一个民族的发展来说是至关重要的，因为它代表一种不可妥协的行事立场。如果我们认真分析犹太人中智慧之士的人生轨迹，会看到他们都有各自坚守的处世底线。尽管每个人的原则不尽相同，但是追求自由与正义却是他们共同具备的美好品质。

个人有个人的生存原则，一个民族也同样具备其生存的底线——人们共同遵守的道德法律，是一个民族的基本生存原则。只有具备这样的原则，才能在时间的长河中，保证本民族人民的和谐共生；才能使人们在重创之后团结一心，重新振作起来。人们对道德原则的共同遵守，从犹太教的层面上来看，是他们信仰上帝的试练与修行；从普通的社会文化上讲，则是这个民族得以生存的关键要素，也是其民族文化得以传承的重要条件。

《圣经》里的《出埃及记》讲述了这样一个故事：

摩西带领他的族人从埃及莫尼普塔法老的阻挠与追杀中逃脱，顺利地渡过了红海。当摆脱了埃及追兵之后，这60万犹太同胞怎样才能共同经历未来旅程的长途跋涉，顺利回到自己梦想中的美好家园，成为摆在摩西面前的重要难题。

当时，这群犹太移民大军就快要陷入一团乱麻的不安状态了。在《出埃及记》中，记载下了很多当时族人争抢饮水与食物、偷盗甚至是行淫等事件。而这些不义行为的背后，体现着族人们对上帝契约的质疑与背弃。首领摩西心知肚明，要想让这么多的人心往一处使劲，脚朝一个方向前进，不立规矩是不行的。

通过思考，摩西认为，在迁徙的过程中一旦失去对上帝的信仰，部族将陷入难以控制的混乱局面。于是，摩西与上帝再一次签订神圣的契约，而上帝也再一次立下“十诫”，让他的选民严格遵守信奉他的原则。上帝在众人面前彰显了自己的神迹，使这几十万人恢复对自己的敬畏之心。这一事件，在犹太史上被称为“西奈山会盟”。

于是，这支犹太移民大军再一次选择遵守上帝的“十诫”原则，就像他们的祖先一般，整个队伍的面貌也焕然一新。最后，这支移民队伍终于抵达耶路撒冷，停下了继续前行的脚步。在这艰苦跋涉之中，上帝的大原则也终于完成了它最初的使命。

想要了解这个民族对行为准则的认识与履行，就不得不提到犹太经典《塔木德》。在古代社会，犹太民族是一个失去了国土的民族。那么想要保持本民族的独立，必然要具备足够强大的原则作为其文明的精神支柱。这个支柱如果垮掉，文化的生命之花就会慢慢枯萎，那么犹太民族就会彻底灭绝！对维护犹太文明的独特性来说，血缘关系要捋清楚，至少要保证母亲的犹太血统纯正性；日常习俗要有根据，至少要保证不违背上帝所制定的信仰原则。

《塔木德》的主要编辑者是犹太教的拉比们。“拉比”的本意就是教师，向人们传播犹太教的所有律法。根据犹太人的历史记录，在耶路撒冷圣殿被摧毁之后，拉比们便把当时得以口头传播下来的律法经典编撰成书，随后再进行文献评注，慢慢地演绎并整理出了一系列系统性的世俗行为准则。《塔木德》也就是在这样的历史背景下，以这样的方式被拉比们整理出来的犹太教典籍。

《塔木德》共6卷63篇，合计约250万字。上到法律、宗教、伦理、民俗、医学，下到饮食、起居、洗浴、睡眠，整本书在犹太人生活的大事小情上详细罗列着烦琐复杂的行为规范。不管时代如何进步，科技如何发展，犹太人对自己生活原则的坚持是永恒不变的。尽管他们可以放弃一些不太合时宜的具体道德要求，但是总体的大原则他们是永远不会违背的。直至现代社会，犹太人仍然保持异常强大的民族凝聚力，而这便是犹太人坚守原则的有力证明。

思想是行动的基石，而原则是思想的底线。一个爱胡思乱想的人，会任由其毫无原则的想法“指导”自己的行动。原则规范着思想与行动的深浅和走向，并指导着人们朝着合情合理的目标前进。

著名犹太作家斯蒂芬·茨威格坚持着自己的写作原则，即对“自由”这一理念的认知与表达。

1881年，茨威格出生在奥匈帝国的首都维也纳的一个富有的犹太家庭。他从小就对文字非常敏感，并对文学产生了强烈的兴趣。茨威格曾经说:“在我的传记文学之中，我不写在现实生活中取得成功的人物，只写那些保持着崇高精神的人物。”从他的言语中，人们很容易感受到他对自由与理性世界的憧憬之情。

虽然他坚持以一己之力，向世人发出“反战”与“自由”的理性呼唤，但是战争还是如同一个抹杀良知的暴君，朝着他所在的那个时代迎面扑来。

他眼睁睁地看着那些曾经散发着夺目光彩的欧洲文明，在无情炮火的摧残之下变得支离破碎，自由的梦想是那样遥不可及。在这血与火的折磨中，茨威格耗尽了最后一丝求生欲望。1942年2月23日，茨威格和他的妻子在巴西双双服毒自杀。他选择自杀并不是一时冲动，而是出于“自愿与理性的思考”。就算是死去，他也要在通向这条不归路中寻求真正的自由。

犹太人对原则的坚持，可以在其生活的各个方面显现出来。我们很难想象一个拥有坚定信仰的民族，在文化的传承上面不依照原则行事。《塔木德》中有这样一句话:“工作是人的责任，不仅仅是为了谋生，同时也是为保险社会秩序而贡献自己的一份力量。”先贤们用质朴的话告诉人们工作的原则，就是去做那些对社会和人们来说有意义的事情。而在这点上做得出色的犹太人有很多，其中之一就是美国著名喜剧演员查理・卓别林。

1889年4月16日，卓别林出生于英国伦敦的一个犹太人家庭。他身为喜剧演员，对“幽默”一词有着独到的理解。卓别林的体内流淌着祖先们在流亡途中苦中作乐的基因，并保持着对人生际遇的理性思考。他所坚持的表演原则也正是如此——他要向世人证明，幽默与滑稽之间有着本质不同。

1912年，卓别林来到美国，实现了他多年的演员梦想。当时，美国大多数的观众将幽默艺术与滑稽表演等同起来看待。那种低俗、粗野的滑稽戏，在当时的社会很受欢迎。在哄堂大笑之后，观众们无法从表演之中获得真正有意义的东西。这一表演的粗鄙现象，给了卓别林反思表演意义的重要时机。

卓别林拥有自己的喜剧表演原则，他想将幽默作为一种独特的艺术表达形式，通过将时代特色与喜剧化的表演手法进行对比，显现人生的悲欢离合。卓别林坚守自己喜剧创作的原则，终于受到了美国影坛广泛的赞誉。随后通过一系列独立制作的喜剧片顺利上映，将他推向了批判现实主义艺术大师的宝座。《摩登时代》《淘金者》《马戏团》《大独裁者》……这一部部经典的喜剧电影，使美国的传统滑稽戏真正实现了艺术上的再创造与格调上的升华！

如果卓别林来到美国后，放弃了自己对艺术表演的原则，一味迎合美国大众那时的喜悦，那么我们将不会在大屏幕上看到那一个个经典的电影形象；我们更无法意识到，原来喜剧片不仅仅能够为人们带来快乐，更能让人感动，让人沉思……

心灵寄语

一个民族的原则，就是一个民族的脊梁。原则可大，也可小。人不同，则每个人所制定的原则也是不同的。生活之中万事离不开原则，但按原则行事也需要技巧。只有人们既坚持自己的原则，又尊重对方的原则，才能实现彼此共赢、协同发展。

规则意识，破与立的交汇

坚持自己的原则，有两条截然相反的表现，一种是只看眼前的狭隘，而另外一种则是放眼长远的坚定。

如果我们仔细分析犹太人的思考方式，就会发现他们对规则的运用是非常灵活的。他们虽然为自己的生活制定了很多条条框框，但是他们并非不懂得规则的破与立。“教条”虽然是异族人贴在犹太人身上的“有色标签”，但是不得不承认，头脑最为灵活、可以将规则在自己掌心把玩得游刃有余的，也是他们。

《塔木德》中有这样一段文字：

> 一个人要像芦苇一般柔软温顺，不要像雪松那样刚硬挺直。
>
> 风吹的时候，芦苇就顺势弯下腰；而风停下来了，它依然在那里挺得笔直。芦苇的尖儿呢？它若拥有好运气，又能让人们用它来做书写《圣经》的笔。
>
> 可是雪松呢，都很难保住它的生命。因为狂风大作的时候，它不是被连根拔起，就是被拦腰折断。而它的树枝又会有怎样的下场呢？伐木工对着它又劈又砍，把它们盖在房顶上——剩下的枝丫，则被抛进火堆里烧成了灰烬。

我们认真分析上面这段话，就会发现其间蕴含着关于“坚持”这一规则的重要观点。犹太人擅长选择合适的方式去规避对自己不利的影响，使自己的人生过得舒适一些。而对于原则的坚持，与灵活运用原则进行生活，其二者并不是相悖的事情。

在犹太人的眼中，坚守原则也是需要具体情况具体分析的。犹太教并不想让人成为一个教条主义者，他们也会随着时代的发展抛弃《塔木德》中很多不合时宜的习俗与规范。

在犹太教的斋戒日里，有一个得了重病的犹太人找到了拉比。因为他想向拉比解释一下自己病情的严重性——要是不坚持食用有营养的食物的话，他的病情便无法获得有效缓解。为了自己的健康，他希望拉比能允许自己吃东西。

但是，当这个人走进了拉比的房间时，却惊讶地发现拉比正在兴高采烈地享受着面前的美食。

见到眼前的场景，这个人有些不知所措。他结结巴巴地对拉比说："拉比，我是一个病人——我今天还需要履行斋戒的仪式吗？"

"这是什么问题呢！"拉比回答道，此时他的嘴里面塞满了食物，"你当然要斋戒了！"

这个病人直愣愣地站在那里，进退两难。最后，他终于鼓起勇气，向拉比问道："请恕我的无礼，拉比，你怎么能命令我斋戒，可是你自己却在大吃大喝呢？"

"因为我还没有傻到连吃饭的事情都需要去问拉比。"拉比带着一丝笑意说完，又继续吃着眼前的美食。

在犹太人看来，外部的规则不过是一种较为合理的建议——建议可以指导自己的行动，但不能为了建议而将自己变成没有主见的机器人。犹太人从来不会将"成为一个守规矩的人"当成其教育的目的。知识传授的最终目的是，要将先人的智慧告诉后人，但是又不能强求后人对先人的经验唯命是从。所以，尽管犹太人与中国人一样有着"尊师重道"的文化传统，但是他们更期待能够将先人制定的规则变成具有生命力的人生智慧；他们希望人们能够在合理规则的建议下活出自己的人生，而非对着一堆冰冷的"死知识"顶礼膜拜。

有一个犹太富翁，在一个晴朗的午后请两个学者到家里喝茶。学者们如约来到这个富翁家里，在餐桌前坐下讨论经文。正在他们为某一条经文的意思不断争论的时候，女主人走了进来。她在这两位学者的茶杯前面放上了柠檬，又端过来一个装着两块饼干的盘子。这两块饼干，一块比另一块要大一点。由于学者们都知道礼仪非常重要，所以谁都不愿意第一个伸手去拿饼干吃。

其中一个学者表现得非常大方，一脸客气地对另一个学者说道："扬克尔先生，您先请吧！”

“不不！依萨克先生，还是您先拿吧！”扬克尔也彬彬有礼地回敬道。

两个人彼此推让了很长时间，最后扬克尔突然伸手拿了一块饼干——他挑的是那块大一点的饼干。

依萨克见状，顿时呆在了那里。

“这是怎么回事呢？扬克尔先生！”他有些委屈地责备对方，“像您这样的学者竟然完全没有履行用餐礼仪。您怎么能这样无礼地把那块大的饼干拿走，而将小块饼干留给别人呢？”

“那么，要是换作你的话，你会怎么做呢？”扬克尔问道。

“身为一个懂得用餐礼仪的人，我当然会去挑选小的那块！”

“哦，这正如你所愿啊，”扬克尔高兴地说，“那你还生什么气啊？”

上面的故事虽然只是一个笑话，但是从中可以看出这样一个道理——就算是满腹经纶的学者，也不会机械地按规则行事。

我们从小都被教育应该遵守规则做事，但很少有家长会在孩子很小的时候告诉他们，规则也是可以用来打破的。比如，在我们中国人的观念里，强调的是“父父子子”的伦理等级规范。父母与子女永远在自己血缘关系的定位中遵守着各自的道德规范，子女几乎很少能在十几岁的时候和父母实现平等交流。那么，孩子到底应不应该拥有自己的独立见解呢？如果打破父子关系的伦理界限，孩子的行为就一定会失去控制吗？

我们可以从很多犹太裔名人的早期经历看出，犹太家庭的教育和我们传统的教育理念是完全不一样的。善于打破规则思考问题，是犹太小孩子从小就要开始训练的行事技巧。

《塔木德》之中提到家庭教育时，有着这样一段论述：“5岁的孩子是你的主人；10岁的孩子是你的奴隶；到了15岁，父子平等，就没有孩子了。”没有平等的交流，就不会有独立自由的个体思想。让父母与孩子的关系处于平等的位置上进行交流，那么孩子不但可以获得自己“生而为人”的尊严，而且孩子的天性也可以得到积极有效的发展。

1881年10月25日，毕加索出生于西班牙南部马拉加的一个犹太人家庭。他的父亲是当地学校的一名美术老师，而毕加索的绘画启蒙正是来自自己的父亲。

在父亲的有意培养下，毕加索自幼便彰显出超乎常人的绘画天赋。但是鲜为人知的是，这样一个绘画“天才”在学校里却并不是一个乖巧懂事的好学生。因为学校的课程对他来说简直是肉体与精神上的双重折磨。不管老师怎样严肃地批评他，甚至给他关禁闭，都无法改变他顽劣不恭的性情。不少老师在毕加索父母面前抱怨连连，甚至断定这个孩子就是一个无法教育的傻子。

但是，毕加索的父亲却并不这样看待自己的孩子。他并没有对毕加索在学校的表现很生气，反而给予这个孩子真正的理解与欣赏。在父亲如同朋友般的鼓励与呵护之下，毕加索找到了自己发现美好生活的自信，更加热爱绘画这门艺术了。随着时间的流逝，他的成功变成了理所当然的事。

父亲对毕加索的理性认识，并没有强硬要求他按照学校的规矩改变自己的天性，而是给予毕加索足够的理解与支持，尊重他独特的思考与行为方式——这种善于打破固化规则的先进教育理念，使毕加索天才的一面充分显现出来，成为他日后成功的重要条件之一！

犹太人对规则的坚持来自对上帝的尊重，但是，他们绝不会过度遵从“规则”，更不会成为一个教条主义者。因为在犹太人的认知世界里，那些被固化的规则会成为另一种形式的“偶像”——而上帝是禁止他们崇拜其他偶像的！

心灵寄语

遵循规则是我们实现自我价值的方法之一，但是在理性认识上，我们不应该过高估量规则的作用，被它禁锢自己的手脚。因为一旦陷入对规则的盲目坚持，我们就容易变成一个教条主义者。在对规则的破与立之间，我们需要找到真正符合实际发展的处事方式，最终实现自己的人生目标。

谈钱并不是难以启齿的事

对金钱这件事物来说，我们这个民族一直充满着矛盾心理。一方面，我们认可金钱的价值，甚至在生活中都需要用金钱的衡量标准来判断自己的利益得失；另一方面，我们传统的道德思想却告诉我们“爱钱是可耻”的，“重义轻利”的传统儒家理念深深地影响着我们的生活。

犹太人善于经商是闻名于世的事情，但不了解犹太民族的人可能会对他们为何精通赚钱之道鲜有耳闻。

公元前6世纪，位于两河流域的巴比伦王国土地肥沃，气候湿润，物产极为丰富。很快，这个国家拥有了繁华的商业与便利的交通。这些得天独厚的优越条件，使得巴比伦王国在当时成为世界闻名的贸易之都。而那些被迫远离故土的“巴比伦之囚”，便在巴比伦城开始第一轮贸易“探险”。

很快，他们发现自己流淌在血液里的经商基因——失去土地的不利因素反而变成了自由贸易的有利前提。没有因亡国而失去理性的犹太人，自然而然地总结出这样一个道理：生存是基本的，它暂时要高于对故土复兴的梦想。犹太人觉得人生最基本的事情是活下去，最好能活得风生水起！他们在商业和各种高技术行业内如鱼得水，很快成为物质生活中的富足者。相当一部分犹太人成为当地有名的富贵豪族，甚至还有一些犹太人成为巴比伦帝国的高级官员。

千百年来，犹太人在被迫流亡的道路上越走越远。想要找到一块可以安身立命的土地刀耕火种，是他们可望而不可即的奢求。既然种子失去了扎根的泥土，不如让它伴随着清风自在与坚强地飘荡。

为了生存，必须珍视金钱的作用——对这个信条，犹太人将其融化在自己的灵魂中。他们无法持有土地，因为他们是异国他乡的流浪者；他们无法拥有大量固定资产，因为他们要时刻警惕着反犹政策突然降临。在随时准备逃离居住地的危机意识下，他们能够携带在自己身上的东西，只有脑中的智慧和手中的金钱！

金钱可以为他们带来更大的生机，这是犹太人的安全保障与心理需求。但是，“授之以鱼，不如授之以渔”。他们更加明白“鱼”与“渔”的区别——前者是有限的，而后者可以创造无限可能。

犹太人也许会利用其特有的幽默调侃上帝，但是他们从来不调侃金钱。在他们看来，金钱可以保全他们的肉体，这样才能有机会在有生之年去信仰上帝，进而追求更加崇高的精神享受。

《塔木德》中指出，“生而贫穷并无过错，死而贫穷才是遗憾。特别是终其一生之时，仍然无力消解贫穷，创造属于自己的财富，更是一件不容宽恕的事情”。对犹太人来说，赚钱是一件天经地义的事情，是自然的生存需要。如果面对着可以赚到的钱不去赚的话，那就像对钱犯下了罪过，要受到上帝的惩罚。

“有钱的地方就有犹太人！”那么，世界上又有多少地方没有钱这个东西呢？犹太人开拓世界贸易市场的能力是极强的，他们会在贸易之中与世界各地的贸易伙伴建立良好的合作关系。

伊斯兰教兴起之后，与西方的基督教世界开始了长时间的对抗状态。欧、亚、非大陆之间的贸易交往，也由于连年的国际战乱而中断。于是，犹太人成为世界贸易交往的媒介——他们在东西方文明之间游走，利用自己特殊的地位搞定了一笔笔大买卖。

在美洲新大陆被欧洲人发现之后，犹太人成为居住在那里的最早殖民者之一，在一定程度上推动了这个地区的繁荣发展。经过一个世纪的沉淀与运作，他们将新大陆部分的贸易牢牢地控制在自己的手中。他们利用新航线将那里的原材料运往欧洲大陆，又将欧洲的工业品运往新大陆进行销售，从中赚取了大量的金钱。

在犹太人眼中，金钱本身没有善恶之分。他们不会觉得计算每天的进账是一件丢脸的事情，他们更不会因为自己从事的职业不太理想而感到自卑。但是，尽管如此，大多数犹太人依然鼓励自己的下一代从事医生、律师、金融家、商人等职业，因为这些职业的酬劳高，容易尽快提升自己的生活质量。

1881年，沙皇亚历山大二世被刺。由于在刺客之中出现了犹太人嫌犯，所以反犹主义狂潮席卷全俄罗斯境内，甚至波及整个东欧国家。那些身在俄罗斯与东欧地区的犹太人纷纷逃亡到美国，并聚集在大城市中。这次前后持续40年之久的犹太移民潮，使得美国犹太人数激增了近300万。

在这批犹太移民之中，多数人文化素质相对较低，几乎不懂英语。绝大多数人忍受着食不果腹的恶劣待遇，他们不得不进入“血汗工厂”谋生，赚取微薄的工资用以养家糊口。

但是，由于犹太人天生的商业头脑，以及其后代受教育程度的普遍提高，在美国的犹太第二代移民逐渐脱离了蓝领阶层，向专门的职业领域迈进，并很快取得了社会地位的显著提升。有研究表明，在第一代男性移民中，61.2%的人在加工行业工作，27.5%的人从事经商活动。到了第二代，就业的比例发生了惊人的变化，32.6%的人从事加工业，57.8%的人经商。

犹太人从来都不觉得赚钱是长大之后才可以做的事情，而是认为赚钱要从娃娃抓起。

犹太家庭会以敲击金币的方式迎接家庭新成员的出生；他们甚至会向刚满周岁的小孩赠送股票；当孩子还在咿呀学语的时候，犹太父母会教他们辨认硬币和纸钞，让他们渐渐体会“金钱可以购买任何他们想要的东西”这个道理；更重要的是，家长们会严肃地告诉孩子，家里的钱是怎么赚来的。

在自己孩子对金钱有了初步概念和兴趣后，犹太父母的第二阶段理财教育便开始了——他们的做法是加深孩子对“钱能换物”的理财观念的理解。几乎在很多犹太家庭中，孩子们都不会拥有免费的食物和照顾。对他们来说，任何东西都是有价的，并需要用钱进行交换的。为了得到这些东西，每个犹太孩子都必须从小开始学会赚钱。

到了孩子青春期，犹太父亲开始进行第三阶段的理财教育——训练他们看穿广告假象的能力，并且学习执行开销计划，甚至训练他们如何用好手中的每一分钱，如何赚取更多的金钱。

与犹太家庭的金钱观教育相对照，我国的家庭教育是有意忽视在金钱理财方面的教育，甚至是刻意消解金钱的重要意义。但是，人的社会性正是体现在世俗文化中。金钱作为世俗化的产物，学会正确看待这一事物才最为重要。犹太人从来不否认他们对金钱的依恋之情，甚至会称它是“世俗的上帝”！

历史本身就是这样的不可思议，当异国的当权者将犹太人歧视到如此境地，驱离他们，剥削他们。但是，他们却依然可以运用其超强的赚钱能力安然渡劫。他们成为“世界第一商人”，何尝不是一种求生意识下的悲壮之举，但是他们胜利了，并一直笑到了今天！

心灵寄语

中国古代也有这样一位儒家先贤，在两千年前，他就呼吁世人平等对待金钱与利益——这个人就是汉代大儒董仲舒。他在《春秋繁露》中说过这样两句话：“义者心之养也，利者体之养也。”尽管后世的义利观并没有将他的这一观点客观地弘扬下去，但是对我们来说，对金钱的喜爱何谈是一种羞耻？毕竟那是我们的身心给养的基本保证！

现实一些没有什么不好

因为背负着历史的苦难与使命，犹太人前行的步伐如灌铅般沉重。他们还有着坚定的宗教信仰，并代代奉行先人所制定的各种繁文缛节。那么，在这样的境地中，犹太人有着怎样的人生哲学呢？

在奥地利战争结束之后，皇帝想奖赏那些在这场战争中表现得英勇无惧的士兵们。

皇帝对他们说："说出你们的愿望吧，我将要实现你们的愿望，我的伟大的英雄们！"

"请把波兰还给我们吧！"一个波兰人嚷嚷道。

"它是你们的了！"皇帝答应了这个请求。

"我是一个农民——请给我可以耕种的土地吧！"一个可怜人喊道。

"你会拥有土地的，我的孩子！"

"我想拥有一个啤酒厂！"德国人说道。

"那就给他一个啤酒厂吧！"皇帝很快下达了命令。

接下来轮到一个犹太人了。

皇帝的脸上带着鼓励的微笑，问这个年轻人："你呢，你想要什么呢？"

"如果可以的话，我尊敬的陛下，我想得到一条特别肥美的青鱼。"犹太人有些胆怯，小声地嘀咕着。

"啊呀！"皇帝惊讶地叫了起来，但很快无所谓地耸了耸肩膀，"给这个人一条青鱼吧！"

皇帝离开之后，那些战士们将这个犹太人团团围住，嘲笑起来："你看你多傻啊！你在可以想要什么就能得到什么的时候，却只要了一条青鱼！你这样做是不是辜负了皇帝的一番美意？"

"我们到底谁是傻瓜呢？"犹太人平静地回答道，"你们要波兰独立、农场、啤酒厂——其实这些东西你们根本不可能得到的！可是我呢，我就是一个现实主义者。我只需要一条青鱼罢了——也许我就能得到它呢！"

现实主义正是犹太人思考的原则，它是可以在痛苦中为自己找到喘息之机的有力武器。活得现实并没有什么不好，至少会在对来世的期待中变得更加理性与舒适。犹太人是非常注重现实生活的，极少怀有不切实际的幻想。他们通常会运用所学的智慧，为自己在社会中找到一个最适合自己生存的定位。

《塔木德》是他们的道义之书，更是他们现实生活中的行动指南。“不要为明天的问题担忧，因为你并不知道明天会给你带来什么。”现实主义会让人不去做杞人忧天的事，但并不代表他们只顾及眼前利益，不去做长远的考虑。但是就算是考虑到再远的地方，也要低头看看自己的双脚，平静而坚定地向前迈出第一步。

犹太民族有一句流传很久的俗语：“再长的路，一步步也能走完；再短的路，不迈开双脚也无法到达那里。”面对未来之事，犹太人只是不愿意去做无谓的假想，因为生活就像在沙漠之中前行。目标就在那里，只有脚踏实地地前进，才能够在与无法预知的困难进行勇敢抗争后，到达自己的终点。

娜塔莉·波特曼于1981年出生在以色列的耶路撒冷。她的父亲是以色列的医师，母亲则是一名艺术家。波特曼3岁时，与自己的家人一起移民到美国。在母亲艺术理念的影响下，这个犹太小姑娘从小就表现出了超一流的表演才华。

1994年，13岁的波特曼参加了《这个杀手不太冷》的试镜，想要获得女一号的角色。试镜开始的时候，导演以她的年龄太小为由而拒绝录取。但是波特曼并没有放弃，她一次又一次地向导演展示自己的才艺。最终，导演被她执着的精神所打动，同意选她为影片的女一号。果然，她在这个电影中的表演获得了极大的成功，并由此顺利进入演艺圈。

就算取得了如此瞩目的成绩，现实主义的思考模式依然影响着波特曼。她不想成为一只拥有美丽容颜的花瓶，她要成为一个真正的精英。名与利不过是一时的浮华，追求自身卓越才是她人生的最终价值。于是，波特曼选择在哈佛大学继续学习，并顺利得到了心理学学士学位。

犹太人的文化核心可以用“乐观坚强，积极进取”八个字加以概括。

就算是拥有宗教信仰，他们也绝不会沉迷于对来世的向往而不可自拔。他们就算是面对极其不公的现实境地，也会坚毅勇敢地活下去。而在这其中，善良是犹太文化中必不可少的调和剂。

知名的犹太作家弗兰兹·卡夫卡出生于捷克首都布拉格的一个犹太商人家庭。他从小既敏感又有些软弱，性格特别内向。在父母眼中，卡夫卡简直就是一个失败者。父亲经常训斥他，他也时常陷入深深的自卑之中。

在大学毕业后的两年内，卡夫卡一直没有找到合适的工作。由于对婚姻的恐惧，使他选择主动解除婚约。这一系列的不幸遭遇，使他产生了消极避世的念头。于是，他去了祖父的农场，打算成为一个农民，度过余生。

卡夫卡的祖父听完孙子的抱怨之后，便带着他去苹果园里散心。祖父带着他来到一棵苹果树前，对他说："这棵树是我在6年前种下的，如今主干已经断了，枝叶也失去了活力。"

卡夫卡问："为什么会这样？"祖父回答道："当时由于我心软，不忍心让这棵树受到任何伤害，便任由它随意向上生长。结果昨天晚上下了一场暴风雨，它的枝干被风刮断了！"

祖父又带着卡夫卡来到另一棵果树前面说道："这棵树栽下去的第一年，我便将它的主干折断，并不断地替它剪枝压枝。第三年，这棵树就结果了。可是就在去年，由于我剪枝太频繁，它竟然不再发芽，很快就枯死了。"

祖父又指着第三棵果树说道："这棵树和第二棵树一样，受到同样程度的伤害，但是它却坚强勇敢地活了下来，将自己的营养和力量都输送到了自己的果实上面。而今它已经变得枝繁叶茂、高大粗壮，并能结出累累果实了！"

在介绍完3棵果树之后，祖父对卡夫卡讲了一个道理：人生在经历了些许挫折与伤害之后，依然可以将生命深处那些美好的东西释放出来；只有不怨天尤人，不自怨自艾，像第三棵苹果树那样集中自己的全部力量开花结果，那么生命将散发出迷人的光彩！

就这样，卡夫卡将祖父的话记在了心里。虽然他一生命运多舛，也时常在作品中抒发自己内心的绝望与孤独，但是他在生活中成了一个友善平和的人。

在犹太人看来，人生是自己的，并不是别人的。如果将思虑集中到痛苦的感知上面，那么痛苦就会被你自己无限放大。

美好、力量、财富、荣誉、智慧、满足，这些幸福属于那些懂得如何正确生活的人，属于这个世界。

心灵寄语

“尽你之力追求幸福”，这是犹太人的智慧，又何尝不是全人类的智慧？享受现世的生活，用心感知这个丰富变化的世界，这并不是一件难事。但是，天下万物都有其发展的规则，顺其自然、认真地生活才是享受生活的前提。正确地选择人生的开启与终结方式，要比关注那遥不可及的未来更加重要！

生意就是有理有据的交易

犹太人做生意常常重视两个条件，第一个条件是“进行交易要讲道理”，即“有据可依”。犹太人可谓世界上最讲道理的买卖人，他们所坚持的交易之道，便是追求公平，避免欺诈，堂堂正正地经营自己的生意。第二个条件便是从第一个条件基础之上衍生出来的“生意就是生意”这一世俗守则。就算是平日里积怨再深，或是交情再深，只要涉及生意上的往来，必然只能够依据商业规则行事。

我们从上述两个条件去认知犹太人的经商之道，从中可以辨识出他们所遵循的思考共性。以色列不管是在政治上还是在商业中，将犹太人的“交易过程必然有据可依”这一原则落到了实处，甚至扭转了整个国家和民族的困境。而这一切，就不得不再次提及第二次世界大战后的犹太人对德国索赔一事。这次索赔的主诉方由民间社会团体变成了一个国家——1948年才建国的以色列。

大家都知道，以色列建国的第二天便爆发了第一次中东战争。虽然以色列在这场战争中取得了胜利，但是仍然无法有效应对阿拉伯国家实施经济战的封锁。阿拉伯国家利用地域优势，对以色列实施贸易禁运，特别禁止阿拉伯国家向以色列输送石油等生产生活物资。

以色列当地极差的资源环境，还有尚未健全的国民经济结构，以犹太人的捐助和紧缩经济，在这个刚刚成立的国家中生存是极其艰难的。到了1952年3月，以色列的外汇储备已经归零。就算经济如此差，也无法阻挡源源不断的移民潮。随着以色列人口的不断增加，这个国家就快要陷入严重的经济危机之中。

经济危机让以色列人冷静地面对现实，并真的找到了度过这场危机的生存之道——对德国索赔显然成为这个国家合法“生财”的最佳依据。我们承认德国应向犹太人民赔偿，但是向一个1948年才成立的犹太国家赔偿，是否真的公平合理呢？显然，这不是此时以色列关注的重点问题。重点是，以色列必须清楚当时的联邦德国需要什么，而以色列能够在要求德国索赔的同时，为德国提供什么。

以色列非常清楚，当时的联邦德国的日子也并不好过。德以两国其实都非常希望从这场赔偿谈判中获得自己想要的东西，因为两国有着不同的诉求与需要，所以这也就成为他们有机会坐在谈判桌上进行“交易”的机遇。

经过一系列的讨价还价，这场立足于正义的索赔最终达成，也基本实现了德以两国坐在一起谈判的初衷。德国同意在未来10年内向以色列支付34.5亿马克，其中30亿马克主要以实物形式支付给以色列。而德国也在这场对以色列的赔偿中促进了自身主权的恢复，甚至重新拥有了军队建制，基本上实现了“以和解促主权”的目标。在这场打破历史僵局的交易之中，两个国家都得到了实在的好处，并为以后恢复两国关系正常化打下了一定的基础。

从经济战略本身来看，以色列的这场交易进行得光明磊落，以与国家无关但涉及民族情感的伤痛为理由，向德国展现了一个苦难民族应求得的补偿。但这种补偿也不过是以色列用来换取解决自身经济困境的临时筹码罢了——金钱其实无法完全抚平一个民族在那场残酷种族灭绝政策下的累累伤痕，但金钱可以让这个犹太国家获得适合自身发展的土壤。犹太人确实爱财，但确实是取之有道，得之有名！

那么，既然做生意需要有理有据，然而在尊重契约精神的前提下，生意本身并不是一件可以轻易改变许诺的事情。我们回溯犹太人的历史可以发现，在犹太人可以被异国政府允许从事的行业中，借贷行业是他们做得最为“风生水起”的行业。放高利贷在犹太人眼中并不是一件令人不齿的职业，而是被他们视为合情合理的谋生手段。因为高利贷本身也是有交易规则去遵循的，需要互提条件进行相应的利益互换——尽管这种利益交换在其他人看来并不公平。

在1975年耶路撒冷出版的《犹太经济史》一书中，萨罗·巴伦这样说道:“从比利牛斯山到苏格兰，从大西洋到易北河，这中间各地的犹太人大都是靠放高利贷生活的。”犹太学者丝毫不否认自己的民族拥有这样一种或许在道义上让人难以接受的职业，但是这样一种职业确实也是被强权所逼迫的无奈工作。同时，从事这一行业的犹太人也遭受到了其他民族的嘲讽。而在这些嘲讽之中，最为著名的便是英国戏剧家莎士比亚所写的《威尼斯商人》。

安东尼奥作为新兴的资产阶级，和犹太人的价值观有着很大差别。他借钱从来不讲利息，有着宽厚大度的包容心，形成了经商与处世相分离的人生哲学。但是夏洛克身为犹太人，本身就需要秉承高利贷的“行规”做事。安东尼奥破坏了犹太人世代所形成并遵守的“借贷规则”，必然引来夏洛克的憎恨与报复。

莎士比亚替犹太人夏洛克在公开审判的法庭上说出这样一段撕心裂肺的呼声，正是来自犹太人所承受的太多切肤之痛——

> 他曾经羞辱过我，夺去我几十万块钱的生意，讥笑着我的亏蚀，挖苦着我的盈余，侮蔑我的民族，破坏我的买卖，离间我的朋友，煽动我的仇敌；他的理由是什么？只因为我是一个犹太人。难道犹太人没有眼睛吗？难道犹太人没有五官四肢、没有知觉、没有感情、没有血气吗？他不是吃着同样的食物，同样的武器可以伤害他，同样的医药可以疗治他，冬天同样会冷，夏天同样会热，就像一个基督徒一样吗？你们要是用刀剑刺向我们，我们不是也会出血的吗？你们要是挠我们的痒，我们不是也会笑起来的吗？你们要是用毒药谋害我们，我们不是也会死的吗？那么要是你们欺侮了我们，我们难道不会复仇吗？要是在别的地方我们都跟你们一样，那么在这一点上也是彼此相同的。

在法庭上，我们看到夏洛克提到最多的词就是“契约”，要求最多的是希望安东尼奥履行自己所签下的契约。虽然这个不合理的契约被聪慧的鲍西娅机智化解，虽然这个吝啬的犹太人并没有为自己、为犹太民族实现“报仇”的目标，但是我们从中可以体察到一个犹太商人对契约破坏者的无比憎恨心理，从中也可以体会到这个民族对商业规则的遵循与守护。

从犹太人的处世哲学来看，正如本节开篇所言，社会的其他伦理在商业规则面前都将属于从属地位。犹太人被极端迫害的惨痛历史，让这种对交易规则的破坏成为他们生存道路上最为痛恨的事情——因为一旦破坏规则，无法获利，犹太人便无以为生；无法获利，犹太人将直面死亡！

虽然在和平时期发展的那些犹太商人，在商业资本运作的道路上走得稳稳当当，并主动放弃了他们祖先所世代经营的高利贷行业。但是，从对犹太商业历史的追忆中，我们确实可以总结这样一个犹太人交易时的思考原则：

犹太人合作交易的基础，建立在有理有据的条件基础之上；任何契约的签订，都必须在条款盖章生效之前，思考自己是否承担得了违背契约的后果；而一旦契约生效，那么所有违背契约的行为，必然需要付出惨痛的代价——这种代价，是犹太人在教会你“尊重契约”时，你所付出的学费！

心灵寄语

古语有云：“师出有名。”其含义是做某一件事情一定要具备充足的理由。而在与人合作的过程中，所列出来的条件有据可依、有法可循，是双方合作公平的基础，更是实现互惠互利的保障。当契约一旦达成，双方必须将其本身作为双方合作的最高准则去遵守。

钱是赚出来的

犹太人所信仰的宗教并不是一种禁欲式的宗教，也并不主张通过将人所具备的自然需求进行抵制，或是通过对践行一种苦行僧式的贫困生活，进而实现精神上的净化。犹太教通常宣扬努力认真地工作，进而有资格享受美好、富足的世间生活。

亚伯拉罕·马斯洛是美国著名的哲学家、社会心理学家、人格理论家、比较心理学家、人本主义心理学的主要创始人。他于1908年4月在美国纽约州的布鲁克林区出生，父母是来自俄国的犹太移民。

马斯洛在1943年发表了《人类动机的理论》，首次在该书中提出人的需要层次学说。通常情况下，马斯洛的人的需要层次学说被这样理解：人的需要构成一个由不同层次所组成的体系，较高层次需要所出现是以较低层次需要的满足为前提的。人会不断产生新的需要，极少人能够达到完全满足的状态。从具体的需要来看，首先，生理需求是人最初始、最为基本的需要——比如人的衣食住行等；其次是安全的需要，这是人们摆脱焦虑感的基础；再次是爱与归属的需要，如果不能满足它们，人便会产生强烈的孤独感；又次是被尊重的需要，如果没有它们的存在，人们会产生自卑感、虚弱感和无助感；最后是自我实现的需要，这也是人类的最高等级的需要，即成为你想成为的那个人。

那么，按照马斯洛的人的需要层次学说，金钱的获得可以满足不同层次的需求，因此，犹太人对钱财的重视超越了对它的道德属性的定义。在犹太人的世界里，金钱可以带来最为基本的生理需求保证，可以带来安全的保证，可以获得社会归属感与人们的爱意（尽管很多人不愿意直面这一点），可以赢得社会地位与人们的尊重，可以帮助自己实现自我的飞跃……

犹太人认为，每当人在社会中遇到现实问题时，金钱能够彰显出来的作用是不可比拟的。特别是在现代社会，它只接受金钱的效力，并能够为自己带来超越地域的影响。

那么，如果犹太人像我们中华民族那般拥有强大的省钱能力与储蓄能力，是不是就足以应付他们的现世生活呢？答案是根本不可能。其实我们回溯他们民族的历史，便可以轻易论证出这一结论：

对散居在非犹太社会之中的犹太人来说，与其宽泛地说明生存的权利是所谓“天赋人权”，不如说是他们花费大量的金钱买来的。在犹太民族开始散居时代后，世界各地的犹太人都被看成“异族”“客民”，在当地的生活不过是一种“寄居”式存在。在这种政治压迫与社会文化排斥之下，犹太民族的居住权并不是可以自然拥有的，而是当地统治者的有条件的“恩准”。这些条件往往势利而苛刻，其中最重要的条件之一，便是掏钱！

“犹太人掏钱买生活”在中世纪开始就已经是一件约定俗成的事情，当然，犹太文化也认可了这种不公平的存在。比如，有一些地方的犹太人必须缴纳比非犹太人多一倍甚至数倍的税款，才被允许生活在当地。除此之外，为了避免迫害，犹太人时常需要具备一个“保护人”。而为了得到这个“保护人”的庇佑，犹太人所付出的代价是向其交纳一笔特殊款项，或是提供大笔的捐款，借此获得居住地的“特许状”。

不仅如此，在社会动乱发生之时，犹太人常常首当其冲，成为最先受到迫害的对象之一。只有他们拿出一笔金钱后，才可能免除降临在自己身上的死亡。试想，如果在所得工资中除去必要开销后，仅凭所省下的那点积蓄，能不能应付危机四伏的居住环境？能不能确保自己的全家安宁？光靠节流、过省吃俭用的日子，最后的下场只可能是居无定所，甚至连命都保不住！所以，犹太人在不断地想尽一切方法赚钱，可谓“生命不息，赚钱不止”！

仔细想想，其实我们身边不也都是这样的情况：穷人辛辛苦苦地攒钱，把赚来的钱都存进了银行；而富人却想尽一切办法去赚取更多的钱，拿着银行的贷款扩大生意。犹太商人独有的经营哲学，就是立足于赚钱而不是攒钱。

其实，不管是在深谋远虑地系统经营，还是多元化投资的风险分散，这些多角度的思考方式的最终目的，仍然是如何让自己手中的钱变得越来越多。

一个名叫井上多金的日本人结婚已经10年了，夫妻二人节衣缩食地过着简朴的日子，将每个月所赚到的钱的大部分存进了银行。现在他们的存款数额已经有2000多美元了。井上夫人非常满意这种存钱方式，对她的朋友们说："如果没有储蓄的话，那我们的生活就等于失去了保障。"

犹太人富凯尔博士是一位心理学专家，同时也是井上先生的朋友。一年之前，他来到了东京经商。在与井上先生的交谈中，他得知了他的家庭理财方式。富凯尔博士对井上夫人的这种方法非常反对。他用带有讥讽的口气评论这件事："你看，没有储蓄就会觉得生活失去了保障啊？把物质看得这么重要，难道不就是物质的奴隶？这些人的人生价值又在哪里体现呢？男人在外面每天为了生活奔波劳作，女人则成天考虑着怎样才能省下更多的钱，这样过日子可真没意思！"

他随后论述道："认为光靠储蓄就能够保障自己的生活，存下来的钱越多，心里的安全感就越强……这样长期持续下去的话，是永远无法得到满足的。难道这样不是忽视了金钱的使用价值，把那些明明可以利用起来的钱全都束之高阁？他们永远不会将自己赚大钱的能力开发出来，发挥其应有的作用。换句话说，哪有省吃俭用一辈子，只想将钱存到银行里依靠利息就能过上富足的生活的？"

很多具备理财头脑的人并不是反对储蓄本身的人，而是反对那种将储蓄变成一种爱好的人生理念。特别是犹太人，他们认为钱存到了一定数目之后，应该把这些钱拿出来进行灵活的投资，使其能够赚得更多的利润。除此之外，犹太人认为，储蓄越多越有安全感的意识会使人产生对银行的依赖心理，导致自己失去冒险奋斗的精神。

由此可知，很多时候，钱财并不是攒出来的，而是通过千辛万苦的努力赚到的。犹太人为什么能不断地赚取钱财，不仅仅是因为他们能吃苦、努力奋斗，更主要是源于他们那十分精明的头脑。犹太人为什么会拥有无数赚钱的想法？因为他们善于动脑，总是能够在别人习以为常的地方看到无限的商机，然后利用好商机，将其变为切实可行的赚钱方案。

总之，犹太人从不认为攒钱的人能成为富翁。虽然我们身边可能也存在这类人，不过大多数的富人都不是依靠攒钱积累来的。他们都是通过自己不断地努力，千辛万苦赚回来。所以，想要成为一个富人，首先你要明白“富人赚钱，穷人才攒钱”的道理，然后不断为自己创造更多的财富。

心灵寄语

困难和折磨对人来说，是一把打向坯料的锤，打掉的应是脆弱的铁屑，锻成的将是锋利的钢刀。“你不理财，财不理你”并不是一句只停留在口头上的空话，要有敢于承担风险的决心与果断的决策力，才能够跻身于靠理财致富者的行列。灵活理财，不将希望寄托于银行的利息，才是正确的金钱管理之道。

第二章
正思维，正能量

人们生活在这个世界上，必然会遇到很多问题——“人生不如意事，十之八九”，说的正是这个道理。面对这些问题，我们利用正向思维进行分析与解决。人们可以通过这种思考方式，用一种冷静果断的心态判断事件中的利弊关系，并用坚定勇敢的心向困难发起正面挑战。

正向思维与我们的生活方式密不可分，又与我们的个人品质紧密相连。它需要人们按照事物的发展规律进行思考，通过对人们所掌握的已知条件进行分析，从而合理地推论那些未知世界的事情。犹太人认为，正面思维的主要作用在于，可以用积极、主动、乐观的心态去思考问题，并带领自己沿着行之有效的道路前行。这样的思考方式，会使人们在逆境中变得更加坚强，并能够很快从凡人间脱颖而出，走向人生的顶峰！

细节决定成败

失了一个钉子，坏了一只蹄铁；坏了一只蹄铁，折了一匹战马；折了一匹战马，伤了一位骑士；伤了一位骑士，输了一场战斗；输了一场战斗，亡了一个帝国。

这也许并不是一首犹太民谣，但是犹太民族的先人一定和这首民谣的作者一样，深知“细节决定成败”这个人生哲理的重要性。他们将这一主题进行了另外一种隐喻式表达，变成了这样一句话：“一杯清水因滴入一滴污水而变污浊，一杯污水却不会因一滴清水的存在而变清澈。”

这句话告诉我们，虽然只是不起眼的一滴污水，却容易让整杯清水变得混浊不堪，不再有原来的那般清澈。那滴污水，便是一件事中的不良细节。细节的好坏，影响着事态的发展方向。这样的细节就像机器上的一枚小螺丝一般——虽然它貌不惊人，但对整体机器的正常运转会起到重要影响作用！

在长时间的奔波求生之中，犹太人对细节强大的观察能力，是使他们谋得暂时安稳的有力武器。细节常常是微小的，容易被人忽视，因为在人们眼中，细节也常常意味着烦琐、隐蔽，不易被人直接发现它所出现的问题。

但是，细节对犹太人意味着什么呢？细节可以是一条生命存活下去的转折，可以是一个生意从无到有的梦想；可以是这个被肆意驱离的民族快速适应另一个陌生环境的生机；可以是这个代代有人才出现的民族不断创新发明的关键。

犹太商人有这样一种认识：一个人的内在价值固然是重要的，但是所交往的对象需要很长时间才能够对他的内在品质进行评判。所以，在人与人的交往中，对一个人的外表形态进行评判，是犹太人最为重视的社交手段。因为每个人的穿着打扮，都与他们的生活状态和个人习惯密切相关，可以直接显示这个人的经济收入、文化修养与所在阶层。

一本书里曾引用过一位犹太人的话，表达了销售人员应注意自身衣着细节的重要意义："一个推销员来拜访我，他开始做一个非常出色的销售产品介绍，但是我却总是走神。我总是会注意到他的鞋子、他的裤子，然后再将目光停留在他的衬衫和领带上面。在我们沟通的大部分时间里，我都在想，如果这位专业推销员所说的话都是真实的，那么他怎么会穿得这样落魄呢？他对我说他的手里有很多订单，并拥有多少顾客，他们也同样购买了很多这种产品，但是他的个人外表向我展示他所说的话并不可信，这是非常致命的。我最后并没有购买这个销售人员所推销的产品，因为我对他的表述并没有半点信心。"

在犹太人的社会生活中，对个人的仪表形态有着详尽的行为准则。在《塔木德》里，拉比们将餐桌礼仪进行了详细的论述：

饭后，一定要洗手。凡是在吃面包之前不洗手的人，就像因为嫖娼而犯罪。凡对洗手这件事漫不经心的人，会被这个世界排斥，吃面包不洗手就等于吃不干净的面包。

这是一本重视健康的哲理之书，在这本书里，你会发现古代先哲们不厌其烦地写下了他们对生活细节的理解与指导。他们想要告诉我们——一个连生活细节都不去重视的人，是不可能在更大的事情上有所作为的。

《塔木德》中有一句非常富有深意的话："让你的衣服洁净无尘，让你的前额闪着亮光，与你心爱的姑娘一道去享受生活的欢畅！"这句话的意思是，一个热爱生活的犹太人，必然会注意自己的生活细节是否得体，并时刻保持着对自身端庄与舒适感的关注。只有这样做，才能获得姑娘的爱慕，享受爱情的甜蜜。如果不去注重生活的细节，又怎样能够保持健康愉快的精神享受呢？

在这个世界上，犹太人在金融界有着举足轻重的地位。他们总是能够发现他人从来没有想到的商机。那么，犹太人为什么能够想出那么多的赚钱妙计呢？答案是非常简单的，就是由于他们拥有细致入微的观察能力，并能够快速捕捉到常人容易忽视的细节。通过对这些细节的分析，找到可以操作的赚钱方式，进而获得丰厚的回报。

一个在中国生活的犹太人，从一个最不起眼的看门人，慢慢地成为一个依靠租房子赚取利润的小房地产商。他是一个非常重视细节的人，总能通过对生活琐事的分析，找到使自己获得更多利润的窍门。

有一个修鞋匠在他的房子旁边摆了一个鞋摊，每天靠修鞋为生。这个房地产商和修鞋匠商量好，每个月收取五块钱的租金。按照当时的常规，通常租赁一方是按照阳历来计算收租的日期，但是他却是按照中国的阴历来收取租金。因为他发现，如果依据中国的阴历计算日期，那么每个月只有29天或30天，每三年就有一个闰月。这样一来，他可以多赚取一个月的房租钱。

在短短的几年时间里，这个小房地产商通过对类似细节的观察与把控，在中国赚取了大量的财富。

有时候，人们在做一件事情的时候找准细微之处，针对细节的可掌控程度进行全盘规划，那么这件事就会朝着利益最大化的方向发展。对细节保证强有力的掌控，是依靠决策者长期的社会经验积累，再加上敏锐的观察力、快速的执行力才能够做到的事情。

英国有一个犹太商人，名叫詹姆斯。在1965年，他获得了一家名为“加云坎食品公司”的控股权。这家公司不但经营烟草，还生产糖果、饼干等各种零食。公司的规模虽然并不算大，但是产品的种类还是非常多的。詹姆斯在掌握了该公司的经营权之后，对产品的分类并不满意。他进一步深耕细作，将糖果的种类延伸到了巧克力、口香糖等多个品种。在增加饼干种类的同时，詹姆斯还依据不同客户群体，将饼干细分为了儿童型、成人型、老人型等不同的品种，以供各类人士选择。

通过詹姆斯对产品种类的不断细化与研发，加云坎食品公司的销售额得到了快速增长。接下来，詹姆斯开始在市场领域大做文章，将市场销售空间也进行了细化分工。他除了在公司所在的巴黎当地经营产品之外，还在其他城市也开了分店，并依据当地民众的不同口味设计出不同风味的产品类型。随后，他又在欧洲的其他国家也开设了分店，形成了区域广阔的连锁销售网。到了1972年，他所经营的连锁店已经达到了2500家，成为全世界最大规模的食品公司。

在我们的日常生活中，心中拥有鸿鹄之志的人是非常多的，但是将小事做到极致的人却非常少。精益求精并非是毫无重点地去做事情，而是在将事情划分主次之后，进行打磨与细节美化。因此，我们必须要注意避免心浮气躁的心理，杜绝浅尝辄止的行为方式，树立起研究细节的意识，最终实现事业上的成功！

心灵寄语

每一件事情都是由无数个小的细节之事构成的，因此对每一个细节的处理都是非常重要的。中国人对细节的关注也有着深厚的历史渊源。成语“因小失大”“爱鹤失众”说的也是这样的道理：一个不去认真关注细节的人，就会对整体大局造成难以挽回的伤害。重视细节，可以推动你一步步走向胜利的彼岸；忽视细节，可以引导你一步步坠入失败的深渊。

培养自己的专注力

在犹太民族长久流传下来的经典著作中，关于对《圣经》内容的解读而延伸出来的著作不胜枚举。在犹太知识阶层中，很多学者终其一生，只研究《圣经》这一部经典著作。虽然他们身为饱学之士，博览群书，但他们却在对《圣经》的研究中表现出足够强大的耐心与专注力。从犹太知识分子的治学特色中，我们可以总结出这样一个理念：对某一知识点的深入探索，强于对知识浮于表面的泛泛而谈。

专注力，是指一个人专心在某一件事情或活动时的心理状态。专注力，重点需要放在"专"字上面。犹太人对做事情的专注力有着更加深刻的认知，他们认为专注力体现的是一种处事智慧，而它的另外一层含义，就是懂得在处理事情的时候，应该舍弃什么，应该追求什么。

犹太人从小就培养孩子专注的能力。他们首先会鼓励孩子在生活和学习中发现自己的兴趣，找到最感兴趣的方向。如果这个孩子同时拥有几个兴趣，那么犹太家庭的父母就会告诉这个孩子，应该在自己感兴趣的那些事情上合理分配自己的时间和精力：哪个兴趣可以当成他的主要兴趣进行钻研，哪些是次要的兴趣。他们确保孩子学会将大部分精力用在他最为感兴趣的事情上，并沿着这个方向专注地探索下去。

常人在做事的时候，需要专注这个有力的武器推动自己走向成功。将一件事情做到极致，不仅仅要有超越常人的雄心壮志、重于泰山的社会责任感，还要具备对这件事情的执着精神。

除此之外，专注力的培养也需要我们懂得"舍得"的人生智慧。舍与得是一对反义词，意味着在获得一些利益的同时，就必然要放弃对其他利益的坚持。"赔本赚吆喝"是商人们在经商时常用到的俗语，意思其实就是先"舍"后"得"。它强调的是通过对某一事情长远利益的考量，可以暂时放弃对眼前利益的追求。尽管对做生意来说，这看上去是一种亏本的促销方法，但是从打开产品销路的角度来看，这种方式却能够起到有效的推动作用。

有一个犹太商人开发了一种保健饮料，这款产品的销售一直保持着旺盛的态势。但是，没有人会想到，这种饮料在打开市场的时候，用的正是这种“赔本赚吆喝”的舍得理念。

这个犹太商人别出心裁地想出一个新的推销模式：根据自己产品的特性，在各个媒体登广告，找到1000位已经在儿科医生那里得到确诊的厌食、瘦弱、体质较差的孩子。病儿可以凭借医院出具的确认单，每天免费获得两瓶饮料。当然，这样的推销方式一经推出，起到了非常好的效果。这个商人的产品很快获得了免费体验客户的一致好评，并顺利占据了当时市场的最大份额。

这个事例中，犹太商人的目的是明确的——他需要通过一种行之有效的手段，快速占领市场，赢得用户的口碑。为了实现这个目标，他选择“免费”向病儿供应自己的产品。虽然这样做从眼前来说是亏本的买卖，但可以利用病儿家长想要占便宜的消费心理，快速推广自己的产品。毕竟，没有一个人会轻易拒绝白来的好处。商人推销产品所迈出的第一步，就成功地吸引了广大消费者的眼球。

在接下来的营销策略中，病儿家长的口碑同样也是最重要的宣传手段。如果这个产品对病儿真的有治疗效果，家长们必定会一传十，十传百。虽然商人是面向这1000名病儿提供免费产品，但这些病儿的家长可以为产品带来更多的客户资源。犹太商人损失的只是有限的利润，但是他看到的是更为广阔的客户群体，将会给自己带来更多的效益。

商家需要避免过多关注那些眼前的利益得失，从整体布局的角度制定营销决策。对整体利益的理性分析与专注经营，将有效避免对眼前损失的过多纠结。舍弃暂时的收获，可以获得长远的成功。

美国科学家的最新研究发现，大脑神经系统中存在一个瓶颈区，正是这一特殊区域限制了人脑同时处理多项任务的能力。一旦同时处理两项任务，哪怕是非常简单的任务，大脑处理信息的效率都会严重下降。这一科学发现，为人不能同时有效地做两件事提供了理论依据。所以，专注于一件事要比同时处理好几件事更容易成功，企业也是如此。

有一个名为施特劳斯的犹太人，创办了一家专门经营女士用品的“梅西”公司。他最初只是在一家小商店做店员，但是通过积累了数年工作经验之后，他发现了一个有趣的现象：男人几乎很少逛街购物，来到商场购物的顾客大多数是女性，要不就是男士陪着女性来购物。

施特劳斯通过对这一现象中每个细节的考察，决定专门做女人的生意。后来，他顺利地开了一家名为“梅西”的百货商店，专门经营女性时装、化妆品和手袋等。经过几年的不断经营和发展，这家小店的生意逐渐兴隆起来。

施特劳斯并没有因此沾沾自喜，而是依旧继续沿着这个方向前进。这期间，他也不断细化自己经营的商品种类，逐步扩展自己的经营规模。

后来，他的梅西小店变成了梅西公司。在接下来的岁月里，他直接在纽约开了一家大型的购物商场。这家商场共有六层，其中金银首饰和钻石占一层，女性时装占两层，综合商品占一层，化妆品占一层。不管公司的规模有多大，他一直都专注于女性商品的经营活动。正是凭借做到极致的女性生意经，施特劳斯终于走向了辉煌。

在犹太人的眼中，想要成功，首先需要一个人把自己的注意力都放在自己认为最重要的目标上。在现实生活中，哪有那么多天生的奇才？许多成大事者刚开始也往往都是一些资质平庸之人。但是他们和其他人的不同之处在于，他们都拥有着一种如磐石不移的决心。他们专注于自己确定的长远目标，不轻易受到眼前利益的诱惑而改变初衷。正是这种专注与执着，使他们最终获得成功。

太阳照耀大地，光线四散开来。如果你用一把凸透镜将阳光聚焦起来，照在一张纸上，不用多长时间，那张纸就会燃烧起来。为什么？因为凸透镜能聚光、聚热，最终光和热转化为炽热的能量，变成了一团火。成功不就是这样吗？需要聚焦，需要专注。

心灵寄语

我们都见过铁锅的锻造，惊叹那经工匠锤打之后精美光滑的器具。那一锤一锤的敲打，其所需要的力量也许是微小的，但长时间持续下去，这块粗糙的铁片会产生多么惊人的变化。将有限的精力聚焦到最重要的目标上，一遍一遍地重复。如果你愿意这么做，坚持这么做，那么你的专注力将会得到快速提升，你做的事情也将变得事半功倍。

正视需求，投其所好

有一天，一对犹太父子在河边钓鱼。父亲很快就钓到了又大又肥的鱼，可是儿子等了很长时间，却依旧没有钓起一条鱼。儿子觉得非常奇怪，问父亲："爸爸，你给鱼儿们吃什么了，为什么它们那么喜欢咬你的钓钩？"

"我给它们吃用蚯蚓做的鱼饵啊，"父亲回答道，"鱼儿们最喜欢吃蚯蚓了，所以它们就能很快上钩了。"

儿子皱了皱眉头，又问父亲："鱼不喜欢吃巧克力吗？我给它们送去一大块儿巧克力呢！"

父亲笑着回答道："巧克力是你喜欢吃的，但是并不是鱼喜欢吃的呀！难怪你钓不到鱼，原来是用错了鱼饵。"

鱼只有看到自己想吃的饵料时，才会选择咬钩，所以钓鱼时应该在饵料的选择上多下些功夫。犹太人知道，商品的销售就如同钓鱼一样——别人永远是为了满足自己的需要才去购买货品，并不是因为你在出售这些商品。所以要想把自己的商品销售出去，关键是要弄清楚大家的需求究竟是什么。

在一家市场，一个犹太人经营一家水果摊。

有一天，一个老太太来买水果。因为这家犹太人的水果摊位置靠近里面，所以这个老太太第一个并没有选择那里。

她走到市场门口的一家水果摊前，问老板："你的苹果怎么样啊？"

这个老板回答说："我的苹果保证个个是甜的，不甜不要钱！买几斤吧……"

老太太听完，没说话，只是摇了摇头，就走向另外一家水果摊。

她向第二家水果摊的老板询问道："你的苹果怎么样？"

这个老板回答说："我这里有甜的和酸的两种苹果，请问您要什么样的苹果啊？"

"我要买酸一点儿的。"老太太回答道。

"这边的这些苹果又大又酸，请问您要多少斤呢？"

"那就先来一斤吧。"老太太买完苹果后，又继续在市场中逛。

最后，她走到了这家犹太老板的水果摊前面，还是问了同样的问题："你的苹果怎么样？"

犹太老板回答道："我的苹果当然好了，请问您想要什么样的苹果啊？"

老太太说："我想要酸一点儿的苹果。"

犹太老板又问道："一般人买苹果都想要甜的，您为什么想要酸的呢？"

老太太说："我儿媳妇怀孕了，想要吃酸苹果。"

犹太老板用一种赞许的表情说道："大娘，您对儿媳妇可真体贴啊！前几个月，这附近也有两家要生孩子，他们家人总来我这买苹果回去给媳妇吃呢！结果，这两家媳妇生下来的孩子既可爱又健康。您要多少？"

"那我再来二斤吧。"老太太听了这个犹太老板的话，高兴得合不拢嘴，便又多买了二斤苹果。

犹太老板一边称着苹果，一边向老太太介绍其他水果："橘子不但酸，还含有多种维生素，特别有营养，对孕妇和胎儿都有好处。您要给儿媳妇买点橘子的话，她一定爱吃。"

"是吗？那好，那我就再来二斤橘子吧。"

"您老真好，您儿媳妇真有福气。"犹太人边给老太太称橘子边说道，"我每天都在这摆摊，水果都是当天运回来的，保证新鲜。您儿媳妇要是吃好了的话，欢迎您再来。"

"行，以后我就来你这儿买水果好了。"老太太被犹太人夸得高兴极了，一边付账一边应承着。

故事中的三家水果摊都在卖水果，但结果却不同。这是为什么呢？

因为第一家水果摊的老板并没有询问老太太的真正需求，以为大家都只会买甜的苹果，便向她推销自己的甜苹果，结果失败了。

第二家水果摊的老板虽然注意到要探寻客户的需求，并卖出了一斤酸苹果，但是并没有卖出其他水果。原因在于，他虽然得知老太太想买酸苹果，但没有向老太太卖出其他种类的水果。

而第三家水果摊的犹太老板认为：做生意需要时刻以客户的需求为中心，把握客户最迫切、最深层次的需求，才能更好地进行商品销售。

在犹太人看来，如果你想要获得事业上的成功，那么你首先要做的就是清楚地了解别人的需求。无论你从事的是什么工作，或是处理生活中发生的任何事情，必须保证能够在开始行动之前，研究一下对方的需求，然后针对这些需求进行思考，投其所好，才能获得更多的收获。

美国鲍尔温交通公司的总裁是一个叫福克兰的犹太人，他的成功就来自他对人们需求的了解，以及针对这些需求的深度思考。他之所以获得杰出的成就，靠的不是他有多么显赫的家世，而是他针对人们的需求所做出的对策。

福克兰第一次为公司做出的策划方案，就使他从普通职员中脱颖而出，并在老板的心中留下了深刻印象。

当时，他的老板想要买一块地皮，认为那里比较适合盖一座办公楼。但是，这块地皮上面还住着一百多户的居民。突然让大家离开住了几十年的地方，很多住户都感到不适应。所以大家选择与这家公司进行对抗，坚决不搬家。这些人中，有一个德高望重的老太太。她四处奔走，号召大家坚持到底，公司的拆迁与改建计划也因此停滞不前。

无计可施之下，他的老板首先想到通过法律手段来解决这个难题。就在这种时刻，福克兰认为，明明有简单解决此事的方法，为什么要选择使用法律手段呢？如果一切走法律程序，那么公司的计划不仅会被白白拖延下去，甚至有可能最终因此中断。最好的办法，就是说服大家主动搬迁。

那么，到底该如何让住户们心甘情愿地搬走呢？福克兰觉得，自己应该先去了解一下住户们的心理需求。于是，他跑去和老板进行了汇报，说出自己的想法。老板一听福克兰的主意，觉得可以试试看——毕竟不管怎么做，都比现在这种僵局要好得多。

福克兰得到老板的许可后，就找机会进入这片区域。没想到他第一个看到的人，竟然正是那位到处投诉、抗争得最厉害的老太太！就在此时，她正在自己门前悠闲地休息。于是，福克兰装出一副忧心忡忡的样子，慢慢地朝她走了过去。

老太太看到一个满脸愁容的年轻人朝她走来，便开口询问道："小伙子，有什么让你感到烦心的事情吗？"

福克兰要的就是和老太太搭上话，但他并没有直接回答老太太的问题，而是看了一眼老太太，装作十分可惜的样子说道："我看您整天在这里悠闲自在，日子挺舒心的，但我怎么听说这里要拆迁，大家都心神不宁的？您为什么不想些办法，让大家都能和您一样闲适度日呢？这样一来，不仅您有发挥自己的才能的地方，大家会更加信赖您，您也可以因为处理好这件事情获得更多的尊重。"

老太太一听，心想确实如此：如果自己的所作所为能够获取大家的尊重和赞赏，那将是一件多么美好的事情啊！心中想到这些，老太太就坐不住了。她开始四处奔波，不停地找大家谈话，再根据大家的要求，为邻居们找到适合居住的地方。

通过福克兰投其所好的沟通方式，老太太开始积极解决拆迁难题，帮助福克兰所在的公司节约了大量的时间和金钱。公司不再考虑用法律手段来解决这个问题，因为大家都非常配合地搬走了。

这个故事告诉我们，不管做什么事情，首先需要去关注人们的需求。只有在了解对方需求的基础上，才能思考出解决需求的办法。

心灵寄语

满足消费者的需求，才是提高产品销量的保证。如果想要在经营中立于不败之地，前提是要不断地思考消费者需求的变化，调整自己的产品经营策略。针对客户需求，有计划地投其所好，这在犹太人看来是积极寻找解决之道的正面思维。

勤奋缔造无限可能

犹太人有这样一种观念：勤奋与成功之间有着密切的关联。一般来说，勤奋或许并不能够实现成功，但是懒惰却足可以毁掉一个资质非凡的人。无论如何，做事情一定要保持勤奋积极的态度，这是走向成功的基本条件之一。

在犹太人的世界里，付出是辛苦的，但收获是快乐的。很久以前，为了生存下去，犹太人需要摘取树上的果实吃。当那果实挂在高高的树顶时，人们就必须要爬上去摘。虽然上树的过程中可能会遇到意想不到的危险，但当摘到果实的那一刻，还是让人感到非常幸福的。

《圣经》中有两句话是值得我们去深思的：

“流泪撒种的，必欢呼收割。”

“那流着泪出去的，必要欢欢乐乐地带着禾捆回来。”

这流下来的泪，就是勤劳付出的证明；那欢呼与欣喜，便是收获的甜蜜。犹太人认为，勤奋或懒惰并不是天生的，而是后天所形成的。除此之外，犹太人认为，勤劳并非是一时之事，而是需要一辈子的付出。付出越多，收获也就越大。

有一天，罗马皇帝哈德良看到一个犹太老人正在努力工作。这个老人不停地挖坑，种下了一棵又一棵无花果树。

“你是不是期待着自己能够享受到这树所结下的果实呢？”哈德良走上前去，向那个老人问道。

“如果我不能活到享受这树所结下的果实的时候，那么我的孩子们将会享受到这一切。或许，上帝就会特赦我的罪过。”老人回答道。

“那么，如果你能够活到享受到这树所结下的果实的时候，请你来通知我。”哈德良认真地对这个老人说道。

时光一年年流逝，这无花果树果然在这个犹太老人的有生之年结下了丰厚的果实。老人将摘下来的无花果装了满满一篮子，进宫见到了哈德良。

老人说道："我就是你当年见过的那个种下无花果树的老人，这些无花果就是我劳动的成果。"

皇帝命仆人拿来一把金椅子，请这位老人坐下，并吩咐仆人将他的篮子装满黄金。

"您为什么给这样一个犹太老人那么多荣誉和奖赏呢？"大臣们一脸不解，纷纷质疑哈德良的做法。

"造物主将荣誉给了勤劳的他，难道我不能做和上帝一样的事情吗？"皇帝反问大臣们。

在这个犹太老人的隔壁住着一个邻居，整天游手好闲，不努力工作。当他的妻子得知那个老人获得了很多金子之后，就对自己的丈夫说道："皇帝爱吃无花果，你给他送点无花果的话，他就会赏给你金子。"

这个人听了妻子的话，便提着装满无花果的篮子来到了皇宫，请求面见皇帝。

当手下的人向哈德良报告了这件事之后，皇帝大怒："让这个人站在皇宫门外，每个进出宫门的人都可以朝他的脸上扔一个无花果。"

到了傍晚，当这个可怜的人回到家时，妻子发现自己的丈夫身上又青又肿。这个人对自己的妻子发泄满肚子的怨气："我要把我受到的所有羞辱全都给你！"

犹太社会非常排斥无所事事、游手好闲的人。他们崇尚工作，认为整天忙碌，甚至紧张地工作，才是人正确的生存法则。

《圣经·旧约》中，关于上帝创造天地万物的神话，是犹太人勤劳美德的源泉。上帝对亚当和夏娃说："生产吧，增加吧，让大地充实起来吧！"犹太人认为，自己正是奉上帝的旨意去勤劳地工作。

作为世界上最努力的人群，犹太商人看上去就是一群不知疲倦、不知辛苦的人。也正是这种不懈的勤劳精神，推动许许多多的犹太人走向成功。

纵观古今，从国内转到国外，大家会发现这样一个现象，凡是有所成就之人，他们所付出的艰辛都是超出我们想象的。但是，还是有很多人只看到了他们头上的光环和他们站在领奖台上的风光，却忽略了他们在成功道路上洒落的汗水。

不要在工作中嫉妒别人的成就，这样做并不能为你带来任何益处。我们要透过别人光鲜的外表，关注别人背后有着怎样艰辛的付出；再反思自己为什么获取不了这样的成功，从而获得勤劳工作的动力，激励自己不断地努力向前。

众所周知的著名犹太裔物理学家爱因斯坦，他的至理名言便是：“在天才和勤奋之间，我毫不犹豫地选择勤奋，它几乎是世界上一切成就的催生婆。”

爱因斯坦小时候在别人眼中是一个笨拙的孩子。到了上学的年纪，和同龄孩子相比，爱因斯坦仍然显得非常木讷，动作看起来也迟缓蠢笨。在班级上，他的学习成绩也并不是很好。每次被老师叫起来背诵课文的时候，他总是呆呆地站在那里，一句话也念不出来。

但是，他深深地迷恋着数学知识，每天坚持学习。爱因斯坦的叔叔是一个工程师，也很喜欢数学。有一次，叔叔在纸上画下了一个直角三角形，写下了“$AB^2+BC^2=AC^2$”，并带着一脸神秘的样子对爱因斯坦说：“这就是非常著名的毕达哥拉斯定理。两千多年之前的人就已经证明出这个定理，你也来试一下吧。”

此时12岁的爱因斯坦并不知道几何是什么，但是他却被这个定理迷住了，非常想证明它。一连两个星期，他寝食难安，不断地苦苦思索着答案。到了第三个星期的最后一天时，这个定理竟然真的被他证明出来了！

成功其实并没有什么偶然性，也不存在天生的成功者。机缘巧合也好，命中注定也罢，这些都只是一般人的看法。他们往往把一个人的成功归结于一些外在条件，而不去考虑这个人内在的勤奋与努力。

网络上流行过一个值得反思的段子：“你花八块买个便当吃，觉得很节省，有人在路边买了七毛钱的馒头，胡乱吞咽后便步履匆匆；你八点起床看书，觉得很勤奋，上微博时却发现曾经的同学早晨八点就已经面对繁重的工作；你周六上个提高班，觉得很累，打个电话才知道许多朋友都连续加班一个月了。”

从很多成功人士的身上，我们都能够看到天道酬勤的影子。所以，我们也要尽自己最大的努力去工作，才能获得属于自己的成功。

犹太人在教育孩子时，经常告诉孩子这样一种理念：当我们在累了、烦了、想偷懒的时候，要告诫自己：你以为你很努力，其实你连努力的边儿都没有沾到。人生就是一场竞赛，在这个过程当中，你的对手就是你自己。有多少付出，就有多少收获；想要收获更多，就需要付出更多。

让我们从现在起，扬起勤奋的风帆，开始我们人生的远行。不管途中遇到什么样的艰难险阻，都要把它当成抵达成功彼岸之前的风浪。我们要始终坚信，自己的汗水终将为我们换来辉煌的明天。

心灵寄语

“业精于勤，荒于嬉。”没有哪一个人的成功不是建立在勤奋的基础上的。崇拜那些成绩卓越的伟大人物，不该只羡慕他们是生来与自己不一样的人，而要吸取他们成功的真正经验，勤奋刻苦，不懈努力，使自己也能够脚踏实地地走向成功。

拒绝拖延，提高单位工作效能

一个人能不能获得成功，判断的方法之一，便是这个人是否有较强的时间观念。犹太人非常反感拖延这个恶习，因为拖延代表这个人没有良好的时间观念。如果我们通过对犹太人的计算时间方式进行分析，便可以看到这个民族对时间的珍惜程度。

从人们的普遍观念来看，可供人们有效使用的一天，通常是指从早晨太阳初升到傍晚太阳下山为止。我们中国古语中所讲到的“日出而作，日落而息”，正是这种时间概念的展现。但是，犹太人的时间观念是和我们正好相反的——他们的一天是从日落开始计算的。以安息日为例，这一天是从星期五的日落开始算起，一直到星期六的日落为终止。

犹太人专门讨论过这个问题，为什么自己民族的时间概念与世界上很多民族不一样。有一种答案是让人沉思的：“因为与其以明亮开始、以黑暗结束，倒不如以黑暗开始、以明亮结束。”那么利用好这样的一天，对犹太人来说就显得特别重要。

犹太人惜时如金的美德，已经在全世界广为流传。每当犹太孩子问家长：“现在是几点钟了？”家长总是会这样回答：“现在是11点21分35秒。”他们绝对不会以一个模糊的时间点去应付自己孩子关于时间的询问，从来不会说“快11点半了”或是“11点多钟了”！因为只有这样回答，才能让自己的孩子从小养成对时间的掌控能力，避免拖延恶习的出现。

有一天，一个美国人去拜访他的犹太人朋友。没想到这个人刚要进门，就被那户犹太人家拒绝了。令这个人惊讶的是，那犹太人家拒绝的理由是，这个人并没有提前预约。对其他民族的人来说，按约定时间做事早一些晚一些都无所谓；但是对犹太人来说，无视自己的时间就意味着对自己应做之事的拖延。每一个时间做什么事情，都应该是有计划的；任何打乱这种计划的事情或人，对犹太人来说都是不被允许的。在珍惜时间的犹太家庭之中，就连3岁的小孩子也会说出这样一句话：“你刚才浪费了10分钟的时间，真是太可惜了！”

犹太人始终认为，那些能够利用好时间的人，才会勤奋努力地工作，才能获得造物者的眷顾；那些容易失败的人往往是只关注眼前的利益，从不将自己的事情进行合理长远的规划，做事情更是丢三落四，能拖就拖，最终只会让自己长期处于艰苦的生活之中。

每天早上起床，你是否感觉自己的生活毫无目的，每天都像是在混吃等死？你还经常听到一些人说的像“混口饭吃”“还是无所事事”之类的话语。甚至很多人会感到迷惑——为什么我们会如此轻易地陷入拖延的境地中呢？这是因为人们自身缺少时间的紧迫感，总是以为安于现状才是自己体会到的幸福。但是安于现状，并不能使自己实现长远发展的梦想。

哈佛大学的爱德华·班菲德博士曾经对美国社会的进步动力作了多年的研究。他进行研究的目的是明确为什么有些人会一代比一代富裕，而其他人则不是这样。在这项研究中，他将不同的条件经过数年的实验，最后得出的结论是：在美国或其他的社会中，成功主要是看这个人是否有拖延症，对时机的态度是抓住它或放弃它。

对犹太商人来说，如果在上班时间结束时还有未解决的文件就是自己的耻辱。犹太人在上班后，会习惯性地花费约一个小时解决从昨天下班到今天上班之间所接到的所有商务文件。在这段时间内，他们不会见任何客人，直到完成这项工作为止。

犹太人以“马上解决自己的事情”作为人生座右铭，并认为拖延昨天的工作是一件最可耻的事。所以在能力卓越的犹太人办公桌上，通常都看不见未解决的文件，这就是犹太人的处事之道。

毛泽东说：“苟有恒，何必三更起五更眠；最无益，莫过一日曝十日寒。”下面描述的这个场景恐怕很多人都有遇到：

你在头一天晚上下定决心，想要克服爱睡懒觉的毛病，于是你计划从明天开始每天早上六点半起床。第二天，你的闹钟准时响了，但是你根本就没有想要按昨天规定好的时间点起床的动力。于是，你便对自己说：“今天就当作最后一次赖床吧，我再多睡10分钟，明天绝对不能再这样下去了。”果然，你按掉闹钟，转过头去继续睡觉。直到你猛然醒来，发现再不起床就要迟到了。于是，你匆忙爬起来，匆忙上班，重复了你之前所犯下的错误。

不要给自己找任何放弃原计划的借口，不要说什么“以后还有机会”“时间还比较充裕”的话，为自己的拖延找理由。在制订好计划后，你就没有了后路，唯一的选择就是立即行动。只有立即行动，你才能保持最高的热情和斗志投入工作中。

珍惜时间能够提高自己办事的效率，而拖延时间只会不断消耗你的工作积极性。古时兵家作战，其经典的作战策略便是“一鼓作气”，防止“一而再，再而衰，三而竭”。拖延一段时间之后，心态与气力早已经不如从前，怎么能取得战斗的胜利呢？

犹太人丹尼斯在很小的时候，父亲就经常对他说：“不要往后拖延，把帽子扔过栅栏。”

父亲详细地给他讲解这句话的意思：当面对一道难以翻越的栅栏时，很多人会选择放弃。但如果你先把自己的帽子扔到栅栏的另一边，那你就不得不强迫自己想尽一切办法越过这道栅栏。做一件事情时，如果你能把“帽子”扔过“栅栏”，那不管你多么忙，你都会立即着手去做翻越它的事情。

丹尼斯在外出工作时，当时的他除了一条小船之外，可以说别无他物。在面对解决填饱肚子的问题时，他连续几天都一无所获。于是，他想到了放弃，想乘着自己的小船再回到家乡。但是，他想到了自己的家人、那个贫穷的家庭、那群关心和爱护自己的家人，自己怎么能轻易放弃这次机会呢？于是，他决定咬牙坚持下去。

为了能够生存，也为了能够断绝自己想要回家的念头，他毅然决然地卖掉了自己的小船，用获得的那一点点钱维持自己艰难的生活。

在这样果断的行动下，他终于找到了一份工作。尽管这份工作的收入很微薄，但却能使他在当地顺利地生活下来。随后，经过长期不懈的努力，他终于跻身中产阶级行列。他用自己的经验告诉别人：“如果你没有为一件事情安排足够的时间，就把自己逼到绝境。当你在不得不做的时候，你只有一个选择，那就是马上去做。”

在生活中，我们很多人都会有一些早就应该做却一直被我们拖延着不去做的事情。尽管拖延已经影响到我们的生活，但我们还是总在为自己的懒惰找借口：没有时间，以后再做。如果你有要做的事情，那就请你马上动手去做——面对困难不要退缩，破釜沉舟地去解决掉它们。

心灵寄语

青春易逝，时光如梭。西方有一句谚语："省下一分钱就等于赚到一分钱。"也可以这样说："省下一分钟就等于赚到一分钟。"只要我们努力做事，绝不拖延，那么我们省下的每分每秒就是自己所赚到的。时间越充裕，那么我们获得成功的机会就会越大。从今天起，告别对"明天"的依赖，今日事今日毕。

忍耐，助你跨越重重障碍

犹太人，这个经历重重磨难的民族，如果需要用一种品质去概括他们强大的生存哲学，“忍耐”二字是再合适不过的。对于一个有着宗教信仰的民族，忍耐帮助这个民族实现了他们极其强烈的求生愿望。

在犹太人所信奉的《圣经》（特指旧约）之中，我们看到的上帝形象貌似并不是一个仁慈的化身，他甚至为了试练信徒对自己的忠诚，做了很多“残忍”的事情。

在《旧约·创世纪》第22章中，记载了这样一件事情：

亚伯拉罕通过上帝彰显神迹，在晚年的时候获得了一个儿子。上帝要试探亚伯拉罕对自己的忠诚度，命他将自己心爱的独子以撒作为供奉自己的燔祭。亚伯拉罕并没有追问上帝这样做的原因，而是严格按照上帝的指示，将自己的儿子以撒带到了上帝指定他献燔祭的山上。就在亚伯拉罕准备就绪，举刀要将自己的儿子杀死之际，上帝的使者出现，制止了他的行为，并用一只公羊代替了以撒作为上帝的祭品。

除去宗教的迷信色彩，我们可以从这个故事中看到犹太人从古至今所信奉的忍耐力是何等强大！对犹太先祖的传奇描写，是我们可以直观感受犹太民族超强忍耐力的证明；《塔木德》中所讲到的另一个故事，更成了这种品质的体现：

一次，两个人决定打一个赌，赌资为四百祖兹。他们这样约定：“谁能把希勒尔激怒，谁就能获得四百祖兹。”

于是，其中一个人便去试着激怒希勒尔。

此时正值安息日前一天傍晚，希勒尔正在洗头。

那人走来，敲了敲希勒尔的门。

“希勒尔在哪儿？希勒尔在哪儿？”他大声喊道。

希勒尔穿上袍子，走出来开门：“我的孩子，请问你有什么事？”

那人回答道：“我要向你打听一件事。”

希勒尔说：“那你问吧。”

那人问道：“塔德莫利特人为什么视力不好？”

希勒尔回答：“因为他们住在沙漠里。刮风时，沙子吹进了他们的眼睛里，因此他们的视力不好。”

于是，那个人走了。可是过了一会儿，他又返回来敲门。

“希勒尔在哪儿？”他喊道，“希勒尔在哪儿？”

希勒尔又穿上长袍，走了出来，问道：“我的孩子，什么事？”

那个人回答说：“我想问一件事。”

希勒尔说道：“讲吧。”

那个人问道：“非洲人为什么是平足？”

“因为他们聚居在多水的沼泽边上，”希勒尔说，“他们总在水里行走，因此他们是平足。”

那个人于是便走了，可过了一会儿，又返回来敲门。

“希勒尔在哪儿？”他大声喊道，“希勒尔在哪儿？”

希勒尔又把长袍穿好，出来问他：“你想提什么问题呢？”

那个人说：“我还是要问一些事。”

“问吧。”他穿着长袍，坐在那个人面前说道，“什么事呢？”

那个人说道：“这是堂堂一个王子回答问题的方式吗？在以色列恐怕没有像你这样的人了。”

“但愿这件事情没有发生！”希勒尔说，“打起你的精神来吧！你要问什么呢？”

那个人问道：“巴比伦人的脸为什么那么长？”

希勒尔回答说：“我的孩子，你提出了一个非常重要的问题。因为在巴比伦并没有技术娴熟的接生婆。小孩子一出生，奴隶和女仆就把他们竖抱起来放在膝盖上照料，所以巴比伦人的脸是长的。但是在这儿，接生婆技术是非常出色的，小孩子一出生就放在摇篮里进行抚养，所以他们的头是平放的。这就是巴勒斯坦人的脸是圆形的原因。”

“你已经让我拿不到那四百祖兹了！”那个人惊叫了起来。

希勒尔对他说道：“希勒尔宁可让你输四百祖兹，也不会发怒。”

在犹太人的宗教与世俗生活之中，忍耐一直是他们所追求的处世哲学：

> 容易被激怒但也容易息怒的人，那么他所失去的将抵消他的所得；
>
> 很难被激怒也很难息怒的人，那么他所得到的就会抵消他所失去的；
>
> 很难被激怒却很容易息怒的人，就是圣人；
>
> 很容易被激怒并且很难息怒的人，就是恶人。

从犹太哲人对情绪忍耐的判断中，我们可以发现，犹太人对与忍耐品德相关的因果关联分析得非常清楚。在2000多年的岁月里，犹太人总结出了忍耐的原则与方法。对忍耐的认知，犹太人说过这样一段话：

> 人的细胞时时刻刻都在发生变化，我们每天也有着新的变化。所以虽然昨天是吵了架，但是您的细胞到今天早晨就已经成为新的细胞。吃饱的时候和饿肚子的时候的想法是不一样的——我只需要等待您的细胞的变化罢了！

现如今，不耐烦几乎成为现代人们的通病。打电话对方接得迟了点，我们就不耐烦；等公交车却发现迟迟不来，我们会不耐烦；浏览网页速度稍微慢点，我们都会不耐烦……烦、烦、烦，最后我们被弄得心烦意乱，什么事情都无法做好。

心理学家建议：虽然我们要学会适应太多未知的东西，面对我们无法预知的困难，但是我们要对自己充满信心，并懂得忍耐是实现最终梦想的重要条件之一。只有那些拥有忍耐品质的人，经过多少失败，经过多少等待，依然懂得时刻提醒自己要坚持，决不轻易服输。一个人的成熟度，在很大程度上表现为他的忍耐力。能在困难之中坚持下去的人，最终才能获得出类拔萃的成绩。

发展心理学研究中有一个非常经典的实验，被称为“迟延满足”实验。实验者挑选了一批儿童，发给他们每人一颗好吃的软糖，同时告诉他们：如果马上吃，只能吃一颗；如果等20分钟后再吃，就给吃两颗。

随着实验的时间不断流逝，有的孩子急不可待，直接一口把糖给吃掉了。但有些孩子则是完全耐住自己的性子，最终等到了实验者，并得到了两颗软糖。

随后，研究人员对这些儿童进行了跟踪观察。结果显示：那些能够坚持到底、获得两颗软糖的孩子，不管做任何事情都更容易获得成功。

这个实验证明了一个理论：自我控制能力强的人能够在没有外界监督的情况下，适当地控制与调整自己的行为。这便是行为上的自律，出于对自己利益的长远考量。只有这样做，才能抑制自身的冲动，用忍耐力抵制住诱惑，甚至能做到延迟满足，最终保证最大收效的目标实现。

从心理学角度来看，在小事上的忍耐，是为了大事上的成功。古语有云："小不忍则乱大谋。"心理学家认为：胸怀有多大，事业就有多大。忍耐很多时候需要一个前提，等待一个机会，不断地积蓄自己的力量。哪怕是去面对别人异样的目光、没来由的猜测，我们也要毫不动摇地朝着自己的目标前进。等到成功来临的那一刻，所有人都会对你刮目相看。

世界上很多事情都不是一蹴而就的，需要我们付出长久的努力——我们要像帝王蛾一样忍受破茧而出的煎熬，有朝一日才能振翅高飞。

心灵寄语

成功有两个最重要的条件：一是坚定，二是忍耐。通常，人们往往信任那些意志最坚定的人。意志坚定的人同样也会遇到困难，碰到障碍和挫折。但即使他失败了，也不会一蹶不振。我们经常听到别人问这样的话："那个人还在奋斗吗？"也就是说"那个人对前途还没有绝望吧？"而忍耐下去，是自己向世人证明"我还拥有希望"的最佳表达！

坚持，不放过任何一个机会

人们经常这样形容坚持的力量:“成功根本没有秘诀可言，如果有的话，就有两个：第一个就是坚持到底，永不言弃；第二个就是当你想放弃的时候，回过头来看看第一个秘诀，坚持到底，永不言弃。”

对犹太民族来说,“坚持”是他们顽强生活在这个世界上的有力武器。不论是2000多年犹太民族对其民族传统的坚守，还是第二次世界大战后最终实现复国的梦想，犹太民族用一个个铁的事实向我们证明，坚持可以缔造太多的成功。

2010年10月18日，代表犹太民族向迫害他们的国家进行索赔的民间机构——犹太人对德国物质索赔联合会（简称“索赔联合会”）在其官方网站上发布了两万多件在纳粹时期被德国掠夺的艺术品图片与资料，提醒全世界的博物馆、交易商和拍卖行“确认自己手中的艺术品是否是大屠杀受难者所拥有的财产”。这并不是“索赔联合会”第一次走上宣扬正义的索赔之路，他们在这个事业上坚持了60年之久。

1951年10月，来自世界各地的22个犹太人组织在纽约召开会议，正式成立犹太人的民间索赔机构——犹太人对德国物质索赔联合会。当时的联邦德国此时也有自己的想法，他们希望可以通过向犹太人赔偿这一行为，改善德国的国际形象，重新取得西方盟国与世界各国的信任。因此，对以色列以及世界其他地区的犹太人的赔偿要求，德国政府基本上都满足了他们的条件。

冷战结束之后，德国走向统一。在美国的积极斡旋之下，德国政府与“索赔联合会”进行了一系列紧张的谈判。最终，德国在《德国统一条约》执行协定的第2款项中，向全世界犹太人民承诺:“联邦政府准备继续德意志联邦共和国的政策，与‘索赔联合会’达成赔偿协议，以便对联邦法律没有获得赔偿的受害者支付赔偿。”

1998年，为了使那些居住在中东欧、俄罗斯的犹太幸存者们获得赔偿，“索赔联合会”与德国政府又签订了新的赔偿协议，并设立“中东欧基金”。

直到现在，“索赔联合会”仍然为全世界受到异族迫害与摧残的犹太人奔走索赔。对犹太民族来说，这样的索赔之路仍然会坚持走下去，因为索赔不仅意味着挽回犹太人的物质损失，更意味着重新铸造这个民族的尊严。

在坚持国家大义与民族气节上，犹太人做得有理有据，提升了一个古老民族应有的国际地位。对战争损失的不断索赔，坚持下去是不容易的。因为时间会淡忘一切，甚至会让社会舆论对那些曾经残暴无度的刽子手们施以莫名其妙的同情！但是，“索赔联合会”用一桩又一桩血淋淋的事实向不愿直视现实的人们证明，他们的坚持是正义的，永远不会失去效力！

对犹太民族的生活来说，坚持这一品质的实践，带领着他们走向成功。

美国犹太物理学家罗伯特·奥本海默，便是这样一位成功者。他在本专业的科研道路上默默地坚持着，最终成为“曼哈顿计划”的领导者。他被后人誉为“原子弹之父”。

1904年，奥本海默出生在纽约的一个富足的德裔犹太人家庭里。他从小就彰显出过人的天赋，兴趣非常广泛。1921年，奥本海默以十门全优的傲人成绩从纽约菲尔德斯顿文理学院毕业。他本来想要继续深造学习，可是不幸患了一场重病。正是这场重病，使他不得不在第二年进入哈佛大学化学系学习。虽然上学期间他的身体状况依然不是很稳定，但是他并没有因此放弃学业，却在极大的压力面前选择了坚持。最后只用了3年时间，他便完成了大学课程，提前毕业。

有了极高的文凭，奥本海默本应和其他同龄人一样，选择一份体面的工作，安享一份闲适的生活。但是他并没有选择这样做，而是选择坚持自己在专业兴趣上的研究，去英国剑桥大学继续深造。凭借奥本海默对科学研究的那种近乎痴迷的执着精神，他开始攻读理论物理专业，并顺利加入著名的卡文迪实验室。由于在实验室的研究并不是很顺利，1926年他又转到了德国哥廷根大学继续科研攻关。在这期间，虽然很多人劝奥本海默放弃科学研究工作，但是他仍然听从自己内心的召唤，选择了坚持钻研下去。

就这样，一门心思进行科研工作的奥本海默，终于在1945年为美国成功制造出了第一枚原子弹，并顺利试爆成功。回顾奥本海默的一生，不难得出这样一个结论：犹太人之所以能够不断地实现在科研路上的突破，一个重要的品质是不容我们忽视的，那就是坚持。

犹太人善于寻找并把握机遇。他们在陌生的环境中依旧不断地坚守初心，寻找发展自己的契机。努力，并不一定成功；但放弃，则一定会失败——成功的大门前脚印稀少，在离它没有多远，甚至仅有几步之遥的地方，却往往会留下一串又一串步履沉重的、写满失落的脚印。

很多人会说："我努力了，坚持很久了，却始终没有看到希望的曙光，我应该放弃了吧？这种坚持是可笑的吧？"其实，畏难情绪几乎人人都有，此乃人之常情。但是，云破日出，柳暗花明——谁知道它是不是刚好出现在下一秒呢？

我们总是在坚持到一定程度后，由于这样或是那样的原因选择放弃，从而半途而废，抱憾终生。这在心理学中，被称为半途效应。半途效应就是指在激励过程中达到半途时，由于心理因素及环境因素的交互作用，而导致对目标行为的一种负面影响。

为什么不再坚持一下呢？犹如万米长跑忍过了呼吸极度困难的那个瞬间，脚步会逐渐轻快起来，呼吸会逐渐平顺下来——终点在一秒钟之前还遥不可及，而这一秒却近在眼前。凡事贵在坚持，只要一直坚持，成功实现的可能性就会变大一些。

爱米·诺德是一个犹太女性，出生在德国南部的一个小城里。由于受到家庭教育的影响，她从小就非常喜欢数学。1903年，21岁的诺德顺利考取哥廷根大学，拜克莱因、希尔伯特、闽可夫斯基等名家为师，并立志从事数学研究这一行业。

当时的社会对女性有着极多的社会偏见，觉得女性不需要懂得太多学术知识。所以，在当时的大学校园里，读书的女大学生远远少于男性，并且多数女大学生选择艺术、文学等学科。因此，当诺德刚开始研究数学的时候，周围的人都不看好她的前景。但是，诺德用自己的实力推翻了那些人对女性的狭隘偏见。由于她对数学极为优异的学习能力与悟性，因此她在25岁的时候便获得了数学博士学位。就算是一位男性，在当时能获得这样的学术地位都属于凤毛麟角，更不要提她还是那么年轻有为的女性了。

第一次世界大战爆发后，所有的职业资源都比较紧缺，而社会对职业要求更偏向于吸纳大批失业的男性。诺德作为女性，不幸被所在的科研机构裁员，因此失去了她热爱的科研工作。但是，她仍然没有放弃自己在数学上的追求，继续创造属于自己的优异成果。

虽然爱米·诺德只在这个世上活了53个春秋，虽然所生活的年代对女性来说是不公平的，但是就算是在这种最艰难的环境下，她仍然坚持自己的学术信仰，克服一切困难勇往直前。她被后世誉为“代数学之母”，拥有着不可忽视的功绩。爱米·诺德永不放弃的精神，被载入数学这一学科发展史的史册里。

古往今来的这些人和这些事，一次又一次地证明，要想在自己所从事的事业上取得惊人的成就，那么首先就要让自己坚持下去。

人的一生没有永远不可能跨越的天堑，只要我们坚持下去，一步步地向着目标靠近，前面就是成功的彼岸！

心灵寄语

泰戈尔说过：“天空中没有翅膀的痕迹，但我已飞过。”不管是在生活中，还是在学习中，我们都曾经或是现在正经历着一些困难与挫折。但是，请你永远记得犹太人在所有不幸的历史之中那坚忍不拔的美好品德，它可以成为引导你克服一切障碍的动力。

第三章

逆水行舟，不进则退

面对做人做事中所出现的问题，犹太人并不会轻易认输。犹太人具备一种反弹力，对外界压力有着独特的化解方法。而这种强大的反弹力，便是犹太人的逆向思维能力。

逆向思维也称求异思维，是让自己的思想朝着某一种思维定式的对立面发展，从出现的问题的相反方向进行思考。思维定式是一种思考的惯性模式，是由于之前的活动经验而形成的对活动本身的特殊心理准备状态，或者是这种活动的行动倾向性。

犹太人并不甘心服从思维定式的“奴役”，他们会想尽办法去消解这种定式，快速形成新的思考与行事模式。这样的好处在于，可以让他们在一个陌生环境下快速适应当地的生存要求，扎下根脉，融入那里的生活！

反其道而行之

“反其道而行之”是中国的一句古语，特指逆向思维的作用。在长期历史经验的指导下，犹太人形成了很多顽固的并深深影响世界的思考方式。那么，犹太人又是怎样具备强大的逆向思维逻辑，做出一桩桩让人们记忆深刻的壮举来的呢？

在犹太人中，罗斯柴尔德家族是一个在经济上有举足轻重地位的豪门家族。他的二儿子尼桑，年轻的时候就已经在商业领域显现出非同寻常的本领。他的商业天赋极高，从事棉、毛、烟草等生意，很快就成了当时的投资大亨。

他最令人敬佩的事迹，是在股票交易的短短几小时中，他利用反其道而行之的手段，净赚了数百万英镑。

1815年6月18日，英法之间爆发了滑铁卢战役。这是一场关系着英国和法国命运的战役，如果英国获胜，英国的公债就会暴涨；如果法国获胜，英国的公债就会一落千丈。

6月20日早上，股票刚一开盘，证券交易所里已经充满了紧张气氛。此时，尼桑已然成为交易所内的焦点人物，人们关注着他的一举一动。

战争是残酷的，牵动着交易所里每一个投资者的心，他们都紧张地等着从战场传回来的消息。但是，滑铁卢战役中两国交战的地点是距离伦敦非常远的比利时首都布鲁塞尔的南部地区。在当时的那个年代，没有手机，没有无线电，甚至没有铁路，人们之间只能通过蒸汽船和快马加鞭互相传递消息。所以大家虽然非常焦急，但也只能无可奈何地等待着。

但令他们没想到的是，尼桑此时竟然卖出了自己所持有的全部英国公债！一时间，大家陷入了一片哗然中。不过想到之前的战役英国都吃了败仗，所以他们也跟随着尼桑卖出了自己手中的英国公债。就在这不到一小时的时间里，英国公债出现了暴跌的态势。尼桑依旧继续面无表情地选择抛售英国公债，大家也依然紧跟其后。可是，就在英国公债价格跌到了谷底的时候，尼桑突然又开始大量买进英国公债。

尼桑这样的招数，让很多股民都蒙了。大家不明就里，不知道尼桑到底在干什么。就在这时，传来前方战场英军的消息——对法国的这场战役胜利了！一时间，交易所内的人们又是一阵大乱，英国公债价格随后持续暴涨。就在这时，尼桑的脸上出现了得意的笑容，因为他已经稳操胜券了。

对尼桑来说，他有自己获取战役是否胜利这个消息的途径。在比所有人都早拿到英军胜利的消息后，他没有急于开始高价收购英国公债，因为这样做对自己来说并不划算。于是，他采取欲擒故纵的战术，反其道而行之。因为他知道，大家以为他抛售英国公债是因为他知道英国战败了，所以大家肯定会跟着一起抛售手中的公债。那么这样一来，英国公债必定大跌。等到公债的价格跌到底时，他再大量收购。等到正式的军方消息传到大众耳朵里的时候，英国公债必会持续大涨。通过尼桑这样一出一进的操作，钱财就可以大量流进他的腰包里。

惯性思维中有一种定式，叫作权威定式。上面尼桑所运用的方法，正是通过对权威定式的逆向思考，从而获得了大量财富。他深知自己在交易所中的权威地位，并对自己身为“领头羊”的引导能力非常自信。但是，他也深知这一地位对自己来说也有不利的影响，会提升自己购买英国公债的成本，降低所得到的利润。所以，他做出了大胆的逆向思考，利用自己的有利地位赚得钵满盆盈。

犹太人这些年在国际上之所以如此出名，和他们做事情常常不走寻常路密切相关。他们总是在不经意间反其道而行之，做竞争对手想不到和做不到的事情，让很多对手都措手不及。

伍迪·艾伦身为好莱坞众多犹太裔导演之一，有着别致的行事方式。由于犹太人那种擅长享受生活的美好传统，因此，他虽然身为繁华都市纽约市中成长起来的年轻人，但他的心中总是充满了对这个世界的奇思妙想，与周围的人文环境格格不入。

伍迪·艾伦的家人相对他本人来说是保守一些的，他们希望他可以顺利考上大学，毕业之后找一份既稳定又体面的工作，平静幸福地过完一生。但是，艾伦并不是这样思考的。在大家都以稳定从容为生活准则的时候，他却非常反感这种规规矩矩的生活状态。艾伦觉得这样生活是没有创意的一生，对他来说也不会产生太多价值。

艾伦生活比较懒散，即使在他日后成为导演的时候，他也保持着这一特质。他的电影创作和拍摄手法天马行空，无迹可寻，甚至有些做法看起来像临时起意。比如，艾伦只想在纽约、伦敦和巴黎等这样的大城市拍戏，因为他想要随时随地享受那种舒适奢华的生活；他并没有养成重新拍同一场戏的习惯，所有场景几乎都是一遍就可以通过了。艾伦不像其他好莱坞导演那样对影片持有精益求精的专业态度，甚至在别人眼中，他有些消极应付差事的嫌疑。在他的眼中，那些为了追求一部“无可挑剔”的经典好片，在镜头前面不停地折腾演员和自己，不断在恶劣的环境中消耗自己的身心健康，那样的导演简直是太傻了。而艾伦自己的导演工作是“一收工就马上回家，尽情地享受自己的生活”。

“经典影片”虽然需要靠导演不断地打磨，但真正想要赢得“经典”之名，仅凭导演一人之力是不够的。伍迪·艾伦深知这个道理，所以他并不太看重那些导演技巧的运用，反而先是让自己的生活尽量过得舒服惬意，再将这种快乐的情绪带入自己的工作中，进而带动影片的质量保持着较高的水准。

艾伦对工作有着这一番独到的见解:“有时候当我把事情拖到最后一刻再做，总会效率百倍。”让懒散成为艺术创作的动力，伍迪·艾伦在电影领域为我们带来了“反其道而行之”的经典例证。

英国独立报的一项研究发现也证明了这一点，6小时工作制能减少压力，激励员工更努力地工作。这项研究与曾经的墨西哥亿万富翁斯利姆的观点一致。斯利姆在参加商务会议时称，他每周工作3天，而不是5天。斯利姆说，减少每周的工作时间能让自己有更多的时间放松、提高生活质量，每周休息4天进行娱乐活动是非常重要的。

那么，为什么减少工作时间反而能提高工作效率呢？这是因为当你减少了工作时间，并有更多的时间休息放松时，你更容易做到在工作时间内保持专注，这就是高效工作的保证。再者，充分的休息能帮你去做更有创造力的工作，如写文章，或想出一个新点子。

所以，当多数人在大都市的繁忙生活中步履匆匆，以加班为荣，以熬夜为荣，我们却需要让自己适当停下跟随他们前行的脚步。我们有着自己的生活与工作节奏，没有必要在别人的身后奋起直追。这是一种失去个性发展的从众心理，同样是一种让你陷入生活节奏失调中的不良心态。

从众心理与权威定式一样，是干扰我们进行独立思考的一个最大的思维惯性，它在我们的生活中几乎无处不在。身在大城市中，当我们习惯跟随权威一呼百应地进行决断，当我们习惯跟随着众人同世浮沉地消磨身心，我们不妨在滚滚人潮中停下来，认真地审视自己是不是应该逆着潮流前行的方向而走。这是一种难得的人生智慧，一旦你拥有它，貌似狭窄曲折的人生之路必将豁然开朗！

心灵寄语

犹太人对生活的态度，正是他们对工作态度的体现。当你热爱生活时，你必然会热爱自己的工作，工作效率也会随之提升。当我们因为那种“不可懈怠一秒”的正思维鞭策无法获得充分的休息，甚至无法平静地享受生活带给我们的乐趣时，不如让我们反其道而行之，放慢自己前行的脚步，说不定会有柳暗花明的效果呢！

山穷水尽时，把死路走活

自古以来，犹太人都是以一种敢于直面苦难的形象出现在世人面前，并且他们还通过磨炼对苦难的承受力使自己得到救赎。《塔木德》说过这样一段话:“与幸福相比，人在苦难时更应该欢欣。因为如果一个人终生幸福，这说明他也许犯过的罪尚未被宽恕，但是通过受难，人所犯的罪便被宽恕了。灾难是好事。”所以在山穷水尽之时，犹太商人总能够想到置之死地而后生的办法，将死路走活。

犹太籍著名好莱坞导演史蒂文·斯皮尔伯格，并不是一个循规蹈矩的导演。我们会看到在他的妙手回春的翻拍技术之中，很多旧式电影题材所呈现出来的惊人魅力。犹太人的绝境之中追求生机的思维方式，在他的身上展现得淋漓尽致。

时间上溯，回到距今40多年的1975年。当时，斯皮尔伯格深陷于无计可划的困境之中——他所拍摄的《大白鲨》不断地出现技术上的问题。不说影片主角的扮演者太难合作，不说他对电影镜头呈现出令他难以忍受的效果，单单是一个冰冷的机器模型，就足以让他陷入一片黑暗之中——对，正是那条机械鲨鱼。

这个由行业里最具经验与才华的技师所设计出来的大家伙，其实并不是一个成功的作品。本来在淡水箱中测试良好的机器，当转移到马萨诸塞州的海水中进行实景拍摄的时候，出现了太多的问题：操控设备短路失灵，这条鲨鱼不再受操控杆的控制，随机地移动或停止。几乎每天这条鲨鱼的某一些部位都需要修理、更换或焊接。它的人造表皮也会由于积水的浸泡而出现肿胀——那条恐怖的巨兽看上去就像泡在海里的一摊巨大的棉花糖。

这条机械鲨鱼巨大的维护成本支出，已经让斯皮尔伯格耗费了数百万美元、数月的时间。就算是他们找到最好的技术专家，也无力应对这条机械鲨鱼所出现的一切问题。斯皮尔伯格在绝望中进行着艰难的抉择，要么放弃这条失败的鲨鱼，重新再设计一款克服已有缺陷的新品；要么就硬着头皮继续使用这条故障不断的鲨鱼。而不管怎么样，他已经能够预见他将要面对现实：自己拍出一部可笑至极的烂片，没人再会找他拍片，前途尽毁。

斯皮尔伯格并没有抓住眼前出现的所有问题不放，反而变得冷静下来。他回忆当时的情况时这样说道："我就想，'如果换作希区柯克面对这种状况会怎么做？'"此时他所面临的绝境激发了他头脑中的灵感：当人们在踩水时无法看到自己腰腹以下的一切时，那些人们看不见的事物恰恰是最恐怖的。

评论家弗兰克·里奇评论道："《大白鲨》影片中最令人感到惊悚的是那些我们看不见鲨鱼存在的画面。"斯皮尔伯格打破传统小电影的表现手法，竟然使《大白鲨》这部影片成了电影艺术的经典之作。虽然人们在后来的电影拍摄中也借鉴了他的同样的表现形式，但很多人并没有意识到，那个没有能够在影片一出场便展现恐怖身姿的鲨鱼，竟然是在这样一种绝境之中完成的逆向思维产物。

从这个事例中我们可以看到，面对这部电影就要拍成一部烂片的预见性结果，斯皮尔伯格并没有放弃想要反转它的斗志。他找到了自己独特的思考方法，成功解决了这些问题。

犹太人对"置之死地而后生"的生存技能使用得炉火纯青，只不过在和平年代，他们不再为了保护自己的性命而进行这样的思考，将这种智慧用在了有效解决生活与事业中所遇到的难题上面。

犹太人在经商遇到问题时，不会一直被问题本身困住。当他们发现按照常规思考方式已经无法解决这个问题时，就会转变自己的思路，通过其他的思考角度进行处理。这和我们的生活经验常常背道而驰，因为我们的思考惯性，会让我们相信自己在面对一个难题时，应花费时间并集中精力正面去解决掉它。如果我们不尽自己所能去和问题本身进行直面抗争，那么就是逃避、软弱。

犹太人并不是这样思考的，他们对问题的绕路而行，经常会反问自己这样一句话：这个问题本身对最终目标来说，是不是有着直接影响？如果不是，那么绕开问题，说不定便是柳暗花明！

有个犹太商人在做生意的过程中，因为资金短缺而借了高利贷。没想到的是，他的生意最终失败了，这使得商人一时间无法还上所欠下的高利贷。在这个商人所处的时代，如果借钱不还的话，这个借贷者要被法律判决入狱的。

而那个放高利贷的人因为看上了商人的女儿，便对商人和颜悦色地表示：只要你能把女儿嫁给我，那么咱们之间的借款就可以一笔勾销。商人的女儿不愿意自己的命运就这样被决定，但也不能硬碰硬地明确表示拒绝，因为她这样做的话，自己的父亲就会坐牢。

商人的女儿苦思冥想，终于想到了一个好办法。她对放高利贷的人说，我们让上帝来决定吧。双方商量好利用摸石头的办法决定商人的女儿是否嫁给放高利贷者。

商人的女儿让放贷者将一块白色的石头和一块黑色的石头放到袋子里，由商人的女儿闭着眼去摸袋子里的石头。如果她摸到白色的，商人的女儿不仅不用嫁人，而且借款也一笔勾销；但如果她摸到的是黑色的石头，她就要嫁给放高利贷者。

放贷者当然不想只有一半的成功率。于是，他便捡了两块黑色的石头一起放进口袋中。这个卑劣的伎俩被商人的女儿发现了，但她不能上前争辩。商人的女儿脑中灵光一闪，便笑着走到放贷者面前，把手伸进口袋里摸石头。就在她拿出石头的那一刹那，突然手一松，石头就直接掉在了地上。那块石头混到了很多相同的小石头中间，让放贷者再也找不到哪块是掉出来的石头了。

商人的女儿要的就是这个结果，她对放贷者说道："既然我摸出的那块已经找不到了，那么只要看一下里面的那块是什么颜色的石头，就知道我摸出来的是什么颜色的了。"放贷者口袋里的石头当然是黑色的，所以只能哑巴吃黄连了，取消了商人的借款，也无法娶商人的女儿为妻了。

商人的女儿利用转换思路的办法应对绝境，不仅使自己免于被纠缠，而且也替父亲免除了贷款。犹太人认为，很多时候，人如果在一条路上实在走不下去的时候，就换一个思路去思考。

美国作者戴维·尼文说过这样一段话：

在很多方面，问题都影响着人们的思维——但是基本的等式是非常简单的。如果我们让问题对自己的行为进行定义和指导，那么它将发号施令，对我们进行种种行为上的约束……久而久之，生活将被消极负面的心绪所充斥，变得一点意思也没有。

心灵寄语

在“置人于死地”的问题中，如果身在死地，坚信自己必死无疑，那么就算神仙出现也救不活你；如果处于死地，却能够激发出你打破思维僵化，那么自己的头脑将变得更加强大，更会顺利获得新生。不要害怕死地与绝境，不必正视问题与困难，逆向思维可以帮助你有效化解危机。

反弹琵琶，绝不随波逐流

在犹太人看来，富人之所以能成为富人，其最大的一项优势就是他们的思考方式与别人不同。这也意味着，如果你总是做别人做过的事，你最终只会拥有别人同样拥有的东西，追逐别人吃剩下的残羹冷炙，而不是获得自己可以独有的财富。

从心理学的角度来看，随波逐流是普遍存在的思考与行为方式。从众心理是指人在群体的压力下，改变原有的行为，使自己的行为和大部分人保持一致的一种倾向。它具有跨文化、跨国家的普遍性，多种因素会影响从众心理的出现。

如果一个人拒绝随波逐流，则证明其是一个自信心与能力极强的人。显而易见的一点是，尽管犹太人有着强烈的集体归属感，但是拒绝从众心理的干扰，仍然使这个民族涌现出了大批独具人格魅力与事业开拓精神的伟大人物。彼得·尤伯罗斯，正是这样擅长打破常规思维、拒绝随波逐流的代表人物之一。

现代奥运会在20世纪70年代之后出现了衰退的态势，特别是由于1972年慕尼黑奥运会出现了恐怖分子并杀害以色列运动员这一事件，为奥运会的和平象征蒙上了一层阴影；此后的1976年在蒙特利尔所举办的奥运会，更是为当时政府造成了惊人的财政赤字。负债累累的蒙特利尔市直到2006年，才还清这笔沉重的债务。

1978年，美国洛杉矶市获得了1984年第23届奥运会的主办权。但是，大批洛杉矶市民走上街头抗议示威，声称绝对不允许挪用纳税人的一分钱！更让奥委会感到雪上加霜的是，洛杉矶政府也公开宣称，不会给予洛杉矶奥运会任何经济上的帮助。身为洛杉矶奥委会主席的尤伯罗斯，在面临这样的经济困境时会如何做呢?

尤伯罗斯在一个偶然的机会，想到了第二次世界大战中可口可乐公司广告“搭便车”的营销方式。他便用非常低的价格将自己的公司卖掉，并拒绝了奥组委给他开出的十万美元年薪，义务为洛杉矶奥组委服务。他所进行的第一个招商创意，就是奥运会电视转播权的招标，凡是有意参加这场竞标的电视公司，需要先期向奥组委交纳75万美元的保证金。很快，他通过各大电视机构所收到的保证金达到了375万美元。平均下来，每天在银行里都能够产生1000美元的利息。在为奥组委赚取了“第一桶金”之后，海外实况转播权也被他进行拍卖，筹集到了28亿美元。

在寻找奥运会赞助商的过程中，如果面对12000家这样的庞大厂商群体，按寻常人的思路是多多益善的，但尤伯罗斯竟然出乎意料地宣布，洛杉矶奥运会只需要30个赞助商即可，但是每一家赞助商至少需要出资400万美元。他进一步做出规定，同行业的厂商只允许有一家入选。

让人目瞪口呆的大胆策略，让当时所有人都感到非常不解。很多人觉得他的策略非常幼稚，完全不看好他的做法。但是尤伯罗斯并不在乎别人的看法，与诸多赞助商竞争公司进行了一系列心理战。最终，国内外的诸多公司都投入这场看不见硝烟的“战役”之中。尤伯罗斯此时“坐收渔翁之利”，除了将全部奥运会的预算费用尽收其麾下之外，还多出了860万美元的赞助费。

尤伯罗斯就这样坚持着个人决策力的商业头脑，将奥运会打造成为世界瞩目的摇钱树。当安于平淡的生活出现墨守成规的局限时，只要多坚持自己的主见，按自己的思路去做事就可以了。别人说得再多，也比不上你自己哪怕一丝一毫的独立行动。

在我们大多数人的脑海中，商业推销的观点就是薄利多销，因为能够让购买的人感到物美价廉，才能更好更快地打开销路。但是我们会发现，有很多人在做生意时，往往在做这种营销模式背道而驰的事——他们实行的是厚利适销战略，主打的是限量版，或是私人特制服务等。这样做的原因就如反弹琵琶一样，这类商人坚定地不随大溜，做出自己的品牌，能够获得更多的关注。他们坚持这样做，最后获得了极大的成功，因为这正体现了现代社会中人们彰显个性的需求。

被犹太人视为致富导师的拿破仑·希尔，在多次演讲中始终强调“思考致富”。很多人对此很不理解，为什么是“思考”致富，而不是“努力工作”致富呢？

这是因为很多的成功人士用他们的成功案例向人们证明：最努力工作的人并不一定是最富有的。用脑袋思考致富的人才会拥有源源不断的财富。如果你想变富，首先你需要不断地进行“思考”，并且是独立思考，而不是盲从于他人。

有一天，一个名叫凯尔的犹太人在去洗衣店拿洗好的衣服时，看到了洗衣店在烫好的衬衣上放了一张硬纸板，用来防止衣服变形。看到这样的场景，他脑海中很快产生了一个独特的赚钱思路。接下来，他去了很多家洗衣店进行实地考察，看看是不是所有的洗衣店都会往衬衣上面加一张硬纸板。在确定大多数的洗衣店都会这样做之后，他便着手写了几封信，向硬纸板厂商咨询价格，得知这种硬纸板的价格是每千张4美元。

于是，凯尔更坚定了自己通过这一洗衣流程进行赢利的决定。他是这样盘算的，如果自己能够在硬纸板上加印一些广告，再以每千张1美元的价格将其卖给洗衣店的话，洗衣店的老板肯定会乐意的——毕竟硬纸板价格低廉，而我自己也可以赚取到一定数额的广告利润。

这样一想，凯尔觉得自己浑身都是动力。他立刻着手进行这一创意的实践，约见广告商，购买硬纸板，进行广告设计，然后卖给洗衣店。广告推出之后，凯尔再次跑到洗衣店外面蹲守。但他发现客户在取回干净的衣服后，会直接选择把硬纸板丢弃，为此他苦恼不已。自己该如何做到让客户保留这些纸板和上面的广告呢？经过不断思考后，答案悄悄出现在他脑海中。

于是，凯尔开始着手改进自己的设计。这一次，他不仅在纸卡的正面印上彩色或黑色的广告，就是纸卡的背面也被他加进了一些新的东西，比如孩子喜爱的游戏、主妇需要的美味食谱，或是全家能够一起玩的游戏。

这种设计推出后，他再次观察，发现很少再有人丢掉硬纸板了。不过，他发现了另外一件有意义的事情。有一天，一位丈夫在抱怨洗衣费用的激增，之后他发现原来自己的妻子竟然为了能够收集全凯尔的食谱，把自己几乎没穿的衬衫都送去洗衣店清洗。

看到这一情形，凯尔非常开心，但他并没有因此自满。他的大脑告诉他，我一定要让自己的事业更上一层楼。经过一段时间的思考沉淀，凯尔决定把每千张1美元的纸板寄给美国洗衣工会，然后通过工会推荐所有的会员采用他的纸板。就这样，凯尔得到了源源不断的财富。

成功的方法是多种多样的，正所谓“条条大路通罗马”，但是“罗马”只有一个。每个有所成就的人，都不是“一条路走到黑”。其实人生就是一道数学题，解开这道题的方法是多种多样的，我们不能只执着于某一种解题方法。

所以，要学习犹太人的精神，既然大道上已经走满了人，那我们就转换思路，反弹琵琶，走和多数人的选择不同的道路并坚持下去，同样可以走到罗马。

心灵寄语

商业领域中用实惠换取人情常会出奇制胜，以小换大。比如捐助、义卖、让利等公益活动，表面上资助非营利甚至“倒贴”的社会公益事业，“无私地”奉献出爱心，实际上所起的广告效应，会远远大于同等成本的“硬性”广告。“硬”广告只是让人知道，而“软”广告却在出名的同时获得好感与支持。

换位思考，逆商的进阶

犹太民族的换位思考有着悠久的历史。《塔木德》所讲述的一则故事，便能够彰显出来这一特性：

有一次，艾黎扎饥肠辘辘但是找不到一点东西可以吃，于是，他又饿又累地睡了过去，慢慢地进入了梦境。他梦见上帝就坐在他的身边。

“我还要在这世上承受多少苦楚啊？”他向上帝问道。

“我的孩子，”上帝回答他说，“你是不是希望我将这个世界再一次恢复到初始阶段呢？如果你允许我那样做的话，你将会成为最幸福的人。”

“难道只有让世界充满灾难，我自己的生活才能变得更好吗？”艾黎扎回答道，“不，我不同意。”于是，他选择了依旧过着贫苦生活的道路。

如果一种利益交换的背后，是让别人承受着痛苦的体验，那么不如自己甘受那种痛苦，换取别人的幸福。这就是逆商带给人们以道义上的思考，是一种只有人才能够感受到的坚定抉择。我们从来不认为自己受苦是一种必然的事情，但如果我们所承受的一切能够使得他人变得舒适幸福，那么这种痛苦的承受对自己来说也是一种幸福。

推动品质高尚的人放弃安逸生活，选择艰难的生存模式的，正是其所具备的“换位思考”能力。换位思考也是一种由己推人的逆向思维展现，是将自己所处的定位与对方主动进行对调，使自己从对方的角度去思考问题，从而获得与只是单纯从自身立场所得出的结论不一样的答案。

在日常生活中，多一些换位思考的技巧会让自己的眼界不再狭窄，思路不再固化，甚至我们能够在对方的立场上更加体谅对方的难处，进而做出双赢的决定。因为每个人都是主观与客观相统一的产物，每个人都有着独一无二的思考方式。如果一味地坚持主见，那么不但会使问题陷入无法解决的僵局之中，更容易让人觉得不够人性化。没有一个人希望别人认为自己不通人性，那么实现双赢的前提就是需要我们学会如何换位思考。只有这样做，才能进一步将一团乱麻的死结变得松软，慢慢地捋出线头，最终将问题解开。

阿摩司·奥兹作为希伯来语作家，对换位思考有着深刻的见解。娜塔莉·波特曼导演和主演的电影《爱与黑暗的故事》，正是改编自他的原著小说。但与很多原著作家反感影视改编者们将自己的作品改动较大不同的是，奥兹却非常感激娜塔莉·波特曼对自己作品所做出的努力。

记者问道："作为原著作者，你是否给过改编意见？"他说了如下这番见解：

> 我从来都没有打算这部电影一定要尊重我的原著，因为毕竟电影和书籍是艺术创作中两种完全不同的表现形式，正如你不能用钢琴演奏小提琴协奏曲一样。也许你会将乐曲演奏成功，但是有一个前提条件是不要指望钢琴能够演奏出小提琴的声音，因为这是不可能实现的事情。所以当娜塔莉·波特曼来找我聊到这部电影的时候，我就跟她说，亲爱的娜塔莉，你不需要完全尊重我的小说拍摄电影，因为这是你的电影，用不着只把我的书进行一番视觉化的呈现。我对她说，亲爱的娜塔莉，我是拉小提琴的，你是弹钢琴的，请你按照你自己的方式去演奏吧。

不同的艺术自然有着其自身对美学的独特展现手法，"不要指望钢琴能够演奏出小提琴的声音"——这正是换位思考所揭示出来的真谛。阿摩司·奥兹似乎对换位思考的认知达到了忘我的高度，他说出了这样一段话："我相信文学可以帮助我们去想象他者，我相信文学可以帮助我们去想象我们的对手甚至敌人有何感受，我相信在任何的冲突当中去想象他者是至关重要的。"

文学会推动作家们将自己带入对手的角色之中，想他人之所想，做他人之所做，必然会有着不同的人格与心理体验，也就从根本上理解了逆向思维所带给这个世界的独特视角，从中可发现超然于民族与国家之上的道义精神。

《羊皮卷》中写着这样一句话：“每一件事情都至少有两个面。”换位思考不是去消解矛盾，而是需要从中找到事物能够平稳向前发展的突破口。

默多克这个名字相信人们并不陌生。这个犹太商人利用50年的时间，将普通的新闻报业打造成为一个庞大的传媒帝国。

1931年3月11日，默多克出生在澳大利亚的墨尔本。他一生的大多数时间，似乎都受到了幸运女神的眷顾。但是进入21世纪之后，特别是2008年的一场巨大的金融危机，使默多克的公司遭受了严重的打击。在此境遇下，2009年，默多克下令减薪40%，以解决公司出现的盈利下滑、股价下跌等诸多问题。为了避免内部出现严重亏损，他还将多余机构的一切闲职人员和非技术人员裁掉。

这个决定一出，世界各地的默多克公司员工人人自危，那些职位较低的员工和新员工更是不满，因为他们对类似裁员的招数心知肚明：在这种情况下，公司的普通员工由于缺少资历与人脉，肯定首先要裁掉他们的。

默多克并不是这样决定的，而是从员工的立场出发，充分考虑到了各方利益的权衡问题。他认为完全可以借助这一场必然的裁员过程，将员工的整体素质和工作积极性进行大幅度提升，因为默多克非常清楚自己的各个公司中所累积的诸多问题。

默多克假想，自己如果是公司的一名有才能的员工，应该是多么渴望总裁将那些既偷懒又没用的员工裁掉啊！于是，在经历了一番认真细致的人员考核之后，默多克所裁掉的人员都是一些对自己的公司几乎没有任何价值的人。而那些有能力的员工发现自己没有被裁掉之后，理解了总裁这次裁员行动背后的良苦用心，于是更加努力地工作，以应对金融危机所造成的各种挑战。

换位思考是心理学范畴一种彰显逆商的艺术，就像是读心术一般，可以让人们在生活与工作中懂得时刻变换前进的方向，避免害人害己的情况发生。懂得换位思考的人一般都不是顽固守旧的，因为这是对自我意识的一种挑战。世界上有无数的人，便会有无数道理和难以捉摸的心思。如果懂得换位思考，人心便不难洞察，也就掌握了打开成功之门的钥匙。

心灵寄语

中国有一个成语叫作“唇亡齿寒”，其典故之中的人物之一宫之奇，就是一个擅长换位思考的大臣。“达摩克利斯之剑”也是需要我们懂得换位思考的好典故，而此时的换位思考便成了时时需要谨慎治国的重要思考方法了！换位思考往大了说，可以避免失去自己的国家，可以避免灭亡自己的种族；往小了说，可以让亲人更加爱你，朋友更加善待你、尊重你。

以酒解酒，以毒攻毒

在了解犹太人“以毒攻毒”的逆商思维之前，我们还是需要对我们传统文化中的精髓有一些足够的自信，因为中华民族的大智慧并不比犹太人少。如果我们单纯看到本节的标题，大概会从脑海中蹦出太多可以证明这个论点的中国典故，比如“煮豆燃豆萁”和“鹰羽射鹰”等。犹太人和中国人一样知道这种思考模式的重要性，那么他们是如何将这个行为法则贯穿到自己的生活与工作之中的呢?

我们需要先来讲一个很古老的故事。犹太民族在很久以前依靠游牧为生，那么在草原的放牧生涯自然也积累了很多重要的求生经验。有一次，草原上着了一场大火。烈火熊熊燃烧起来，将草原上所能触及的一切都无情地吞噬掉了。而这场大火的几米远处，一些犹太牧民正在劳作。见到大火以猛烈的态势烧过来，人们都吓得惊慌失措，打算四处逃命。就在这时，一个富有经验的老牧民大声地喊道:“为了活命，请大家都听我的。”

只见这个老牧民让大家都聚集在一起，拔光他们所站的那片草地上的草，清出来一块空地。见到烈火像吐着红舌的巨龙一般离大家越来越近，老牧民不慌不忙地在自己的脚下放起了火。瞬间，老牧民的身边也升起了一道火墙。只见这道火墙向三个方向蔓延过去，快要与烧过来的火焰碰到一起了。

奇怪的事情出现了：当两堆火终于碰到一起的时候，之前还猛烈燃烧的火焰骤然减弱，最后竟然慢慢地熄灭了!

显然，老牧民虽然不理解这火熄灭的科学依据，但是他却准确抓住了将火熄灭的巧妙手法——以火灭火，把自己与大家都救了出来！很多看起来有违常识的事情，其实在我们的身边频繁地上演着。

犹太民族是一个幽默的民族，但是他们的幽默多数偏向于“黑色幽默”——这是犹太民族在恐怖中的自我嘲讽与自我疏解。但不得不承认，这种黑色幽默也同样具备与黑色恐怖进行对抗的力量。《大英百科全书》对“黑色幽默”一词是这样定义的:“一种绝望的幽默，力图引出人们的笑声，作为人类对生活中明显的无意义和荒谬的一种反响。”

那么，作为文学艺术上“黑色幽默”流派的最重要的代表作家，约瑟夫·海勒试图用一种荒诞不经的文学表现形式，去向他眼中这个荒诞离奇的社会现实发起质疑。当然，如果说之前他的同胞贝克特以荒诞派戏剧的形式将这种黑色幽默抒发得淋漓尽致，那么海勒的《第22条军规》便是黑色幽默中的一朵具有“以毒攻毒”效果的奇葩！

海勒描写荒诞，但是他却反对荒诞本身；描写死亡，但是他却从来不惧怕死亡！他一生经历了60余次的生死考验。特别是1981年，当长达35年之久的第一次婚姻最终破裂之际，他不幸得了一种名为“计兰—巴尔”的综合征，从而导致他全身瘫痪，胳臂无力抬起，甚至无法进行正常的饮食。但是，海勒并没有想到死，反而奇迹般地恢复了健康。就算是评论界对他此生所写的最后一篇文章评价不高，讽刺他是“江郎才尽”，他也毫不在意，依然保持乐观健康的心理。

犹太人认为，哭对上帝，笑对世人；笑在脸上，哭在心里。确实，如果我们用快乐的毒药去对抗这个有毒的世界，哪怕被人嘲讽是一种自我麻痹、自我催眠，又有何不可？残酷的现实，过度冷静与理性抵挡不了攻击的疯狂与压迫，那么不如用犹太人的这种荒诞表达去接受这个世界的荒诞，怕是自己进行斗争的最后武器了！

在开创自己的事业时，犹太人就将“逆”看成一种不可缺少的精神。用中国人自己的话来说，他们经常在做“逆命而为”之事。对命运，就算是成功的过去，他们也可以随时选择放弃！他们的内心，没有比与命运抗争更容易让他们充满斗志的事情了。命运让他们低下头，他们在低头的时候发现了抬起头的资本；命运让他们知足常乐，他们在知足常乐的时候又注意到了通向幸福的更多可能！

接下来要谈及的一个人物，是赫赫有名的“股票教授”科斯托拉尼。在投资领域，科斯托拉尼被业界称为“20世纪股市的见证人”，是金融史上最成功的投资者之一，甚至有人将他与沃伦·巴菲特相提并论。尽管他在35岁的时候就赚得了足以养老的财富，但是他那旺盛的精力让他不甘于辉煌之后的寂寞，成为德国最负盛名的财经杂志《资本》的专栏作家。而这一工作，他持续了整整25年之久。

安德烈·科斯托拉尼于1906年生于匈牙利的一个富裕的犹太中产阶级家庭。他的父亲是一个专门生产健胃苦味酒的酒厂老板，母亲则是一个音乐爱好者。酒本是香醇的，但生产苦酒的父亲却向科斯托拉尼证明，虽然自己生产的酒是苦涩的，但是对健康是有益的。大概是继承了父亲的处世原则，科斯托拉尼非常明确自己工作的方向，并时刻注意与金钱保持一个足够安全的距离——对他来说，金钱不过是他实现目的的手段，不被金钱所奴役才是正确的金钱观。投机行为在他的眼中是一种智慧的较量，虽然辛苦，但是富有趣味性，更磨炼了他的心理素质与理性思考能力。

在没有任何挑战和烦忧干扰他的时候，50岁的科斯托拉尼不幸患了神经官能症，成天被一种失落与沮丧的情绪所困扰。痛苦不堪的他向自己的老朋友、心理学家思聪迪教授请教。思聪迪分析道："您遗传了您父亲的天性，身体之中积压了太多的能量，需要发泄出来却找不到出口。所以，不管怎么样您一定要有事情去做。如果您是个体力劳动者，我会给您一个去山上劈柴、搬石头的建议，这样会消耗您体内过盛的能量。但是，您是一个受到过高等教育的人，所以建议您从事创作工作比较合适。"听到老友的分析，他也同样想到了自己的父亲所生产的那种"健胃苦味酒"——既然美好的生活不能让他摆脱这种身心的痛苦，那么就让自己累起来，劳累起来，说不定会产生正面效果！

于是，科斯托拉尼就这样开始了自己的第二个事业——当一名财经专栏作家。他前后出版了13部专著，绝大部分成为风靡一时的畅销书。后来，他又与别人合作，开办了自己的股票培训班，又创办了自己的基金和保证金公司……

科斯托拉尼最后的名言是："我写的书登上了最佳销售排行榜，尽管10%的版税对我来说并没有什么吸引力，但是我看重的是我的著作在现实之中的意义。我此生最大的幸福便是：人们愿意花钱获得我的箴言与劝告。我的书将成为我生命的延续……"

幸福的人生是相似的，幸福之后的感悟却体现了人与人之间的情商差距与认知深浅。如果"用身在福中不知福"去形容那些获得了名利之后还坚持拼搏努力的成功之士，显然是片面的。当一个复杂的机体已经在高强度的工作状态中获得了幸福感，那么突然让其停止脚步，哪怕是放慢节奏，对这样的人来说也是一种精神折磨。

因此，我们可以看到犹太人的家族财富会持续积累几十年、上百年，甚至更长时间，这正是由于他们已经超越了对金钱本身的追求，升华到了一种理性的思考高度！

心灵寄语

不管是以苦涩的表达应对苦涩的人生，还是用创业的疲惫应对病痛的折磨，那些犹太成功者们具备着超然于凡人的智慧。对我们普通人来说，如果用“以柔克刚”“以水灭火”的方式无法实现自己的目标，那么何不试试利用“以刚克刚”“以火灭火”的思维方式去解决问题呢？

改变习惯需要多久

让我们来看成功学的一个说法——“21天养成一个好习惯”。我们如果将这个理论中的不够科学的成分剔除，那么会得到一个非常简单的道理：习惯的养成与时间有关。但是需要多长时间养成一个习惯，是因人而异的。

习惯上升到一个民族、一个国家的高度，也便成为一种社会习俗。那么，如果我们仔细去看习俗众多的犹太民族，他们对打破不利习俗的限制，又有着怎样的认知与努力呢？千万不要认为犹太人在几千年来为自己定下的习惯是从来不需要调整的，《塔木德》中定下了太多太多不合时宜的习俗，都在这举止不断发展变化的时代中逐渐消亡。

那些不合时宜的习俗没落下去了，犹太人是从来不去怜惜的。当然，这并不代表他们企图消解犹太民族的自身独立性。他们总会在保守与前进之间找到一个非常合适的点，打破原有的固化规则所带来的不利影响。

对一个人来说，想要凭一己之力去转变一个社会、一个民族，甚至是整个世界的习俗，必然是一件极其不易的事情。

霍华德·舒尔茨生于1953年，是土生土长的美国人。身为美国犹太人，他有着天生的商业头脑，并快速成长为一代商业精英。

星巴克咖啡公司成立于1971年，作为美国当时的本土咖啡品牌，要想在市场上击败占领美国市场40%份额的宝洁公司的咖啡业务，看上去是不可能的事情。1987年，对舒尔茨来说算是一个不同寻常的年份，他召集几个投资者收购了星巴克公司，从此便带领着星巴克走上了不断升级的发展之路。

与我们现在所认识到的“星巴克体验”完全相反——美国20世纪70年代的喝咖啡模式，是粗糙并毫无美感可言的“例行公事”。人们会在出门工作之前在家里喝上一杯淡咖啡，来到办公室又喝上一杯淡咖啡。美国的老百姓甚至会在熟食店里买到一杯品质与口感超级差劲的咖啡，却会将这种行为当成每天必须完成的任务。当时的美国人对咖啡本身没有任何情怀，也不会去刻意打造所谓的“咖啡情调”。他们只不过是在大口吞下一杯可以让他们提神醒脑的“东西”，然后埋头在自己的工作之中。

舒尔茨能够在意大利找到扭转这一美式习惯的契机，完全要归功于宝洁公司放弃意大利咖啡饮品市场的决策。不得不说，如果没有宝洁出品的意式咖啡在美国发展的不适，那么舒尔茨也不会发现——其实用国外的口味打开美国本土市场也并不是一件难事。舒尔茨完全沉浸在意式咖啡背后所打造的文化情调上，并认为美国人缺少的东西正是呈现在他面前的商机。他将美国人的“例行公事”改变成了一种像在意大利一般的街头文化，并打造自己的品牌和店面，营造特别舒适的环境。

慢慢地，美国人的一天改为从星巴克开始——随后他们会在咖啡店消解一天的疲惫。“星巴克体验”为他们带来的是一种异国情调，慢慢地变成了独特的美式情调。我们所看到的《老友记》，多数情节都是在咖啡店的场景中发生的。咖啡店可以遇见爱情，重获亲情，保持友情……显然，星巴克体验模式为美式咖啡的发展带来了极大的变革，甚至影响到了美国咖啡商业的整体布局。

舒尔茨用自己灵活的商业头脑，将固化在人们习惯中的传统认知进行有效改变，不能不说是“一个人改变世界”的有力证明。

看吧，星巴克咖啡在以“茶文化”为传统的中华大地上扎根发展，依然没有遭遇到可真正与之抗衡的同行业对手。霍华德·舒尔茨相信通过自己的经营，可以让中国人改变传统的生活习惯。要知道，他自己也是承认的，在星巴克进军中国的连续9年时间里，公司一直处于亏损状态。而在这20年的中国之旅，星巴克只需要做一件事情，那就是坚守自己的营销理念的等待——等待着时间让中国意识到“喝咖啡是一种舒适的人生体验”，等待着中国的广大消费者能将喝咖啡当成平常事……

舒尔茨改变国人餐饮习惯的经典案例，只不过是太多犹太人实现成功的证明之一。如果从广告心理学去看这类事情，那一切看上去只不过是一种可以模仿但时机又非常重要的成熟套路。

如果将“犹太人”和“广告营销”两个词联系起来，一个人名便随之从人们脑海深处跳了出来，他就是著名的美国“广告狂人”——威廉·伯恩巴克。

种族歧视在20世纪四五十年代成为美国社会的一大悖论现象——一方面，美国经济需要多元化人群的共同建设与维持，而另外一方面，不管在当时的任何行业，都有着“默认”的种族歧视。特别是在被喻为“广告人俱乐部”的麦迪逊大道，种族差异更是非常严重。广告圈里的精英大部分是受到过良好教育的白人，而其他种族的人很难在主流广告界崭露头角。1953年所登载的一份广告界名单中，5000名广告人只有92名是犹太人——这是因为当时很多广告公司根本就不招犹太人。

一个由少数种族人群组建的DDB能够被主流广告业所接受并非易事，这个小公司要对抗的是整个业界——甚至是整个社会对异族的歧视与排斥。那么DDB又是如何在伯恩巴克的带领下打赢这场战役的呢？

大概是从DDB广告公司成立之后，伯恩巴克独特的广告基调便开始大行其道。在DDB成立以后的7年时间里，来委托其进行广告营销的客户最终都在他们的产品推广上取得了成功，包括莱文黑麦面包、ELAL航空公司，还有现在无人不知的德国大众。正是由于德国大众诉求，让他们抓住了扭转不利局面的点。

如果说大众汽车公司有一段不太光彩的过去，那么大概就是指它的那张德国纳粹时期的“出生证”了。这一点“黑色历史”，让大众公司在第二次世界大战后的日子并不好过。但是，汽车工厂还是需要脱离原始的政治色彩，保持其商业本质的。于是，德国大众找到2/3的员工都是犹太人的DDB，想让伯恩巴克做自己的广告指导。对这场交易，双方都似乎认为是一次可以实现双赢的机会。

果然，伯恩巴克的犹太人身份为这个广告营造出一种深沉的历史背景，甚至创造了一种超乎广告之上的划时代意义。凭借这个广告，DDB在当时的广告业界，甚至在整个美国社会都造成了极大的震动。但是也正是由于这则广告，DDB公司才摆脱了种族歧视的困境，得到了主流广告界的认同。

改变习惯需要多久，并不是一个具体数字所能衡量的。有时会短到须臾片刻，有时会长达数月连年。但是有一点是肯定的，犹太人永远在与时间的竞赛中做着自己力所能及的尝试，除却固化观念所带来的所有羁绊。逆势而为虽然并不是犹太人的独有特长，但是他们却由此实现了整个民族的飞跃！

心灵寄语

想要突破传统定式是需要机智与勇气的，因为“以一敌多”并不是一件容易的事。坚持独见与遵守习俗并非是完全对立的矛盾体，就看我们如何去有效利用。如果行动可以证明一切，那就只需要我们用自己的行动去逐步影响到别人的行动即可；如果时间可以证明一切，那就只需要我们坚守自己的信仰不动摇就行。而那些不受自己控制的事情，纠结再多也毫无意义。

第四章

合作，民族发展的根基

一个人民散居在世界各地的民族，就像一条主线断了的珍珠项链一般。然而，虽然这颗颗珍珠上沾染了苦难的灰尘，但永远无法遮掩那不断散射出来的光彩。这光彩之中最为夺目的那一道光芒，叫作团结。团结在犹太人的生活中展现出来，成为他们相互合作的重要基石。

离开对犹太民族的历史去分析其团结精神的内核，如水中明月般不可触及。现在，让我们跟随犹太民族的成长轨迹，在历史长河中追溯那协作精神的本源吧！

负重前行靠团结，同舟共济渡难关

在以色列，有一处著名的历史遗迹，叫作“哭墙”。这段城墙，是2000多年前的第二圣殿遗址，成为犹太人世世代代的精神象征。从拜占庭时代开始，犹太人便被当权者允许每年一次在圣殿被毁的周年纪念日那天到“哭墙”那里祷告。而他们的祷告内容，不仅仅是为了自己和家人，更是为了一个共同的民族信念——复国！在犹太人的心中，哭墙早已经超越对国恨家仇的纪念，更成为犹太民族信仰与团结的象征。时至今日，我们可以看到那些来自世界各地的犹太人，或站在“哭墙”旁边，或围坐在一张张方桌前面，做着虔诚的宗教仪式。他们端坐在一条条长凳上念诵着早已铭记于心的经文，将脸紧紧地贴着墙面默默祈祷，甚至还有一些人长跪在墙角下，对着墙悲戚低诉。

“哭墙”，凝聚着这个民族的团结精神。有了团结，才能够使犹太人在失去国家的社会环境下依然保持强烈的民族认同感。这种情感认同，使互利互信成为其民族发展的基础。

《塔木德》中提到过这样一个问题：如果一个新生儿长着两个头、一个身体的话，那么应该把他看成一个人还是两个人呢？也许你觉得这算不上一个值得深思的问题，但在犹太人看来，这个问题并不可小视，因为其中还涉及一系列的宗教仪式。

在犹太民族的传统中，婴儿满月的时候需要请拉比来祝福。这时，面对这个双头儿，拉比是要祝福一次还是两次呢？除此之外，在为这个双头儿做祈祷时，还需要在婴儿头下放一个钵，那么应该放一个还是两个呢？所以必须先回答这个婴儿是一个人还是两个人，才能顺利解决后面的其他相关问题。

《塔木德》提供了一个简单明了的解决方案：在其中一个头上淋上一些热水，如果在一个头感觉到烫而哭喊的时候，另一个头也跟着哭喊起来，那么他就是一个人；假如另一个头在淋上热水后并没有什么反应，那么这个双头儿就是两个人。

延伸到现实的犹太人生活中，与这个故事相对照的是如下场景：如果身在德国的犹太人遭受到迫害，而其他地区的犹太人也感受到了危机和痛苦，并发出了强烈的呼喊，那么这个人就是真正意义上的犹太人。因此，《塔木德》所提出的这个问题和解决方式，其实是在向自己民族的同胞们传递这样一种信念：为自己的族人所受到的苦难感到痛苦，是具有民族认同感、视同胞如同一己之身的凝聚力的体现。

在生活中，我们能轻易地发现，很多人做生意简直是互相拆台的经营模式。比如，一个人开了一家加油站，赚了钱，那么这家加油站的旁边会很快出现第二个加油站。然后是第三个、第四个……慢慢地，大家经过一场你死我活的恶性竞争之后，就都不赚钱了，最后一起倒闭。

但是，犹太人却并不会这么做。如果一个犹太人开了一家加油站赚了钱，那么第二个犹太人便会在它的旁边开饭店，第三个则会选择开超市……总之大家都遵守着一个原则，就是有钱大家一起赚。

这就是为什么犹太人做生意能走在世界前列的秘诀之一。散居在世界各地的犹太人，其精神意志依旧是高度统一的。从古至今，犹太人都是一个整体。他们之间互相帮助，团结友爱，真正达到了“一方有难，八方支援”的精神境界。同舟共济的合作思维，推动他们从一个又一个困境中摆脱出来。

16世纪，当时在波希米亚任职的一位官吏在日记中这样描写犹太人：“在土耳其，在任何一个城市里都可以发现存在着无数犹太人，他们来自各个不同的国家，讲着各自不同的语言。但是，由于他们有着共同的民族语言（希伯来语），因此每个犹太人都很团结。犹太人总是同舟共济，不让他们中的任何人沦落到乞讨或者流浪的境地。有的犹太人沿门挨户募捐搜集贫民救济金，以便能够帮助贫困的犹太人或者开办救济贫民的医院。”

为什么犹太人会如此默契地相互帮助呢？这是因为犹太人认为互相帮助是上帝的旨意。根据犹太教的基本诫命，身为犹太人不仅要关心处于经济上的弱者，同时还要主动去履行对邻人、雇员和残疾人进行帮助的义务，甚至是搞好与各个家庭间的关系等。犹太人始终坚信，同舟共济才是战胜自身危机的最佳解决之道。

在生活中，我们也不难发现这个道理：一个人命运的改变，并不是自己孤军奋战就能获得成功的。有的人天生会领导，有的人天生会管理，有的人天生能够预测，有的人天生能够当一个合格的追随者。如果有一个人在组织当中，既会领导，又会管理，又会沟通，又能当追随者，又有创意，这样的人一定能成功吗？答案当然是否定的。因为在社会中，不管做任何事情，都会面临方方面面的问题。如果只是一个人，难免有思虑不周的地方，那失败就会紧随其后。因此，一个人要想获得成功，必须要懂得和别人一起合作，同舟共济。只有建立一个团队，懂得相互配合，才能获得最后的成功。

19世纪80年代，当时的犹太人处于沙皇俄国大肆迫害之下。当时犹太民族所体现出来的团结，令见者均为之动容。当时访问俄国的一位西方观察家针对这件事曾写下这样一段感受：“他们似乎从来没有失去过一种意识，那就是‘他们是同一个民族’。”从中我们不难看出，犹太人从古至今所传承下来的那种“共存共荣，互相帮助”的精神。

在当今的商业社会中，“团队合作新思维”被看成一个令人热血沸腾的词汇。对很多人而言，合作思维意味着共享激情与共同创造。犹太人正是有了这种同舟共济的思维，才使得自己的民族能够在历次浩劫中生存下来，共同努力，实现共同的理想。

犹太人认为，合作并不是简单地把几个人叫到一起，然后吆喝一声：“大家一起干。”合作是讲究技巧的，讲究分工合作的原则。除了需要了解成员之间各自的优势之外，还需要制定明确的合作目标，制订计划。接下来，团队领导者让每个人把目标和计划铭记在心，然后再给每个团队成员分配工作任务，彼此相对独立地工作，但又相互之间保持协作。这就像机器上的各个零部件，大家之间既有独立，又有协作，才能正常、高效地运转。

心灵寄语

科学家发现，成群的大雁排队飞行，可以比每一只大雁单独飞行节省超过10%的体力；另有科学家在风洞中进行试验，发现成群的大雁飞行，比一只大雁单独飞行能多飞72%的距离。所以，请牢记合作中目标、计划的重要性，学会优化资源配置，以保证合作顺利而高效地进行。

有好人缘就有好财源

在长期居无定所的漂泊过程中，犹太人意识到一点：正确处理人际关系，在自己追求事业成功的道路上起着非常重要的作用。从小开始，犹太人就会给予孩子们这样一个观点：多思考，多动脑，要想尽办法掌握好自己的人际关系。因此，犹太人从小就开始学习如何娴熟地处理自己的人际关系。经过这样的家庭训练之后，长大后的他们几乎都是处理人际关系的高手。

一个从事保险公司推销员工作的犹太人，总不断地思考着如何处理好自己的人际关系。不管在任何情况下，他总会帮人想一些奇思妙想的主意，解决对方的难题，因此也不断地收拢客户的心。他先努力让客户变成自己的朋友，最后这些朋友都会用“一张保单”来回报自己。

刚开始做保险推销的时候，他有一天因为起床晚了而没赶上班车。当他匆匆忙忙赶到车站的时候，看到他所要搭乘的那班车已经开走了，而下一班车则要等到20分钟后才会来。他想:“这20分钟的时间，我要如何度过呢？”这时，他突然发现车站的对面有一家医院。他想，不如利用这些时间试着推销一下自己的保险产品吧。于是，他便快步朝这家医院走了过去。刚走到医院的正门口，他便碰上了一名医生。

由于这个年轻人刚开始做保险，会感觉到有些手脚慌乱。他觉得顾左右而言他的寒暄模式并不适合现在的他，于是便上前采用单刀直入的交流方式:“我是保险公司的，想请您在我们公司投一份保险！”

医生被他这样直截了当的推销吓了一跳，半天说不出一句话，因为他实在不知道该怎样回答他。过了一会儿，医生才笑着说:“你推销保险的方式还真是特别啊，我倒觉得你的做法挺有意思的。来，进来坐，我想和你谈谈这件事情。”

他们二人进到办公室之后，这名犹太人就言简意赅地将自己所要讲述的保险知识向医生进行了说明。虽然这名医生已经在其他保险公司买过保险了，但他对这名犹太人的推销方式和认真的态度非常认可，所以他也就直截了当地对这名推销员说：“说实话，保险这个行业对我来说真的是难以衡量的东西，因为我已经买了好几份保险了。每一次推销员都把他们的产品说得天花乱坠，可是每次我买完后总是感觉心里不是非常舒服。这样吧，我这正好有两份保单，你就当是一个学习的过程，拿回去帮我评估一下哪个产品更好吧。”

这名保险推销员并没有因为医生没有购买他的保险，就直接拒绝他的这一要求，而是非常认真地拿着这两张保单，认真了解其中的保障内容。他不但去拜访了这名医生所投保的公司，并且还专门为这名医生制作了一份非常翔实的说明记录，让医生一看便清楚明确其间的内涵。

这个医生看到这样一份记录非常高兴，对这个犹太保险推销员给予了很高的评价。医生对他表示，想要他帮助自己重新购买一份合适的保单。

就这样，这名犹太推销员不仅与这名医生成为生活中的好朋友，同时也卖出了自己公司的一份保险。后来，这位医生还把他介绍给了自己的几位要好的医生朋友。这名犹太保险推销员在不断扩展的人际关系交往之中，不仅业绩上升，同时也认识了不同行业的新朋友。他所交往的朋友越来越多，售出的保单也会越来越多，因此他的业绩青云直上。

当然，我们会发现很多的犹太人都喜欢单独做事，靠着自己成就一番事业，比如爱因斯坦、卡夫卡。但是，也有很多的犹太人在知道自己可能无法单独地去完成一份事业时，会选择给自己找来合作伙伴，和同伴一起成就一番事业。比如，青霉素的发现者就是三个人，分别是弗莱明、弗洛里和钱恩；比如，Facebook的创始人扎克伯格和首席运营官谢莉·桑德伯格等。

犹太人为了能够在事业上取得成功，挑选的合作伙伴通常要有一定的实力。学识渊博、精明能干是基础项，诚实守约是必需项。在犹太人的眼中，诚信一直都是难能可贵的品质。找寻合作伙伴，通常需要考察他是否具备好的人格与品行。

在2017年，很多中国年轻女人朋友圈被一部热火美剧刷屏了，这部剧便是《了不起的麦瑟尔夫人》。它向我们展现的时代与社会背景，是20世纪50年代的美国犹太人社区。我们在迷恋女主角那精致而追求自我的蜕变之路时，却通常会忽视这个犹太家庭的一家之主——女主角的父亲所说的一段经典之语：

生活本来就是不公平的！它充满了艰苦和残忍！你选朋友就要像打仗一样，选丈夫就要选能为你挡住子弹的，而不是指着屋顶说“他们在那里”的那种男人！

由于刚刚经历过第二次世界大战，这位从犹太大屠杀阴影中总结交友之道的父亲，用直截了当的口气向自己的女儿说明了身为犹太人的交友原则。尽管犹太教义是宣传“爱邻如己”，甚至是“爱所有人”，但是必要的交友原则是保护自己和对方的重要条件，也是使自己拥有一个“好”人缘而非成为一个“烂好人”的有力护体。

犹太人在很久之前就明白，人缘是一个人追求财富的助手。因此，他们在自己的人际关系上做足了功课。中国所流行的“人脉”一词，也着重表明了好人缘对一个人成功的重要意义。简单地说，一个人的人际关系如果处理得不好，那么做事情很可能因为没有贵人相助而功亏一篑；而如果一个人的人际关系处理得恰到好处，那么就算其他条件比竞争对手差一些，也有可能将事情做到成功。

犹太人知道，社会人际关系是个人成长、商业成功等的重要条件与资源。人际关系在很多时候就如一张无形的网，构架起企业与客户、企业与企业、企业与员工之间的联系与互动。任何一个人，只要从事商业活动，就都存在一张交易上的关系网。

犹太人还非常重视与客户之间建立起人际关系网。比如，保险行业尽管在中国早已是一个成熟的行业，每个保险人都有着自己不同的营销手法。但是早在19世纪，犹太人对保险销售的那些做法直到现在依旧非常实用，并值得我们学习。当时的犹太人保险公司，会经常在过节时向客户家中送去相应的贺卡和礼物，年年如此，坚持不懈。数年之后，几乎所有的客户都成为这家保险公司的免费宣传员——他们会在谈话中不由自主地将这家保险公司介绍给更多的朋友和亲戚。

在这些客户家里，孩子们会在自己很小的时候就认识来自保险公司的贺卡上面所写下的文字，也就顺理成章地知道了这家保险公司的存在。孩子们长大之后想要买保险，自然而然地就想到这家保险公司。这家犹太人保险公司，利用平日里所投入的小钱与客户搞好了关系，很容易建立起属于自己的人际关系网。此举可谓一本万利，数年后必将因此而赚大钱。

因此，为了顺利地建立自己的商业帝国，任何一个犹太人都不会使自己缺少“人际关系管理”。因为这种善于以自身为中心点，展开全方位的对外辐射式的人脉拓展能力，使得犹太人在变幻莫测的人际关系中左右逢源。

心灵寄语

交往是一门艺术。正是因为人与人的交往，心与心的沟通，所以生活才如此丰富多彩。交往需要以道德为基础，以友谊为桥梁，以理解为支撑，以沟通为关节。从来没有永远用不上的朋友，只有暂时不需要的帮手。建立起属于自己的人际关系圈，你会发现自己的生活、工作与命运将大有不同。

把帮助别人变成一种习惯

“平时多烧香，急时有人帮。”犹太人由于非常重视培养自己的人脉关系，因此在平常的生活中，他们对身边朋友的事情会非常上心。他们会经常选择在周末宴请自己的朋友、伙伴甚至是同事，因为他们始终认为，只有在这些平常相处中的事情中投入足够的时间和精力，才能够在自己成功的路上增加一重保障。

人的命运都是起起伏伏的，我们身边经常会有深陷窘境的朋友。而这个时候，正是你投资人情的大好时机。在别人有权有势的时候，联系所积累下来的只是小人情；而在别人无权无势的时候还能够保持联系，才是大人情。一本书上有这样一段话：“人情冷暖，世态炎凉，平常朋友平常过。交朋结友，不可急功近利。友情投资，易走长线，拜拜冷庙，烧烧冷灶。哪怕是只言片语的问候，亦是交友之道。”

比如，在销售工作中，犹太人会选择在白天见客户，但他们这样做并不是为了向对方直接推销产品，而是为了能够准确记住客户的相貌。等到了晚上下班以后，他们便会跟在客户身后，默默记住客户家里的地址，然后非常自然地将礼物送到了客户家里。客户不好意思白要销售员送来的礼物，当然会掏钱购买其所推销的产品了。就这样，顺理成章地做成了这笔生意。

犹太商人在和客户接触时，总会先站在客户的角度去思考问题，然后在客户还没有提出质疑之前，先帮对方提出质疑，从而拉近与客户之间的距离，使得客户更信赖自己的商品。

有一天，一个犹太销售员收到了一个外地客户给他发来的一封电子邮件，里面写着这个客户想购买的机型的有关材料，并约定下午来看货。这个销售员在仔细查看材料后，发现这份材料中存在很多问题。经过再三考虑，他决定给客户说明情况。

他对客户说：“我看了您的材料后，觉得您报的机型与您实际需求的配置有些不符。当然，按照这样的配置使用起来是没有任何问题的，不过我觉得您的配置有点过高。机器数量和机型容量其实都可以减少一些，这样您投入的资金也会降低很多，同时也不影响使用效果。”

客户感到十分惊讶：“哦，是吗？这份资料是我的几个工程师测算出来的，应该不会有问题吧？”

销售员接着说：“要不这样吧，我和公司的技术人员再按照您的配置做一份资料给您看看，您比较一下看哪个更好、更划算。”

随后，这名销售员便和自己公司的工程师一起做了份详细的技术说明和可行性报告，交给了客户。两天后，客户前来购买商品。这个客户感激地说：“其实我在这之前给很多公司都发过资料，只有你处处为我们着想，以客户利益为先，这让我很感动。董事会已经决定把你们定为我们公司的长期供货商！”

案例中的这名犹太销售员始终坚持以客户的利益为先，并以自己的实际行动感动了客户，同时也为自己争取到了长期供货的机会。由此可知，做生意，尤其是做业务时，最高境界就是以客户的利益为先。当你为客户着想时，客户也不会让你失望。销售都是双赢的，你先为客户省钱，客户就会让你赚钱。

犹太人经常说：“帮助别人就是帮助自己。”他们认为，在人的一生中，谁能保证自己不会有需要接受别人帮助的时候呢？爱默生说：“人生最美丽的补偿之一，就是当自己真诚地帮助了别人之后，别人也用真诚的心态帮助了自己。”犹太人更是如此，他们把帮助别人变成了一个平常的生活习惯。

有一个犹太小男孩亨利，患有先天性心脏病。但他并没有被病情吓倒，而是养成了非常开朗活泼的性格。他乐观的生活态度，让很多熟悉他的人都忘了他是一个随时可能会离开人间的高危病人。

有一天，当他出门去看清晨的太阳时，却在路边发现了一个昏倒的陌生人。这个人脸色发紫，呼吸微弱，显然处于失去生命的危机中。亨利非常清楚心脏病发作时的状况，他对这个陌生人的痛苦有着切身的体会。虽然以自己的力气和病情，他根本不能把这个身材高大的陌生人背起来。但亨利看着安静的四周，依然选择了尽全身力气把这个人带到可以治疗的地方。幸运的是，在他将那个人拖行了二百米后，有人发现了他们。亨利非常开心，刚说了一句“快送他去医院”，就因为体力不支而昏倒在地。

等到亨利醒来后，发现那个陌生人就坐在他的病床边。看到亨利醒了，这个陌生人非常愧疚地对他说：“对不起，医生告诉我，你的心脏病差一点就要了你的命！你是在用你的命救我。我是由于喝多了才会倒在路边变成那个样子的，真不知道该如何感谢你！”

亨利笑着摆了摆手，说道：“我现在没事了，你也没事了。这就是对我最好的感谢。”陌生人依旧要求一定要报答亨利。亨利想了想，对他说：“我真的不需要你对我有什么报答，只是希望你能像我救你一样，尽自己所能去救助比自己的处境还要差上许多的陌生人，我想这就足够了。”

许多年过去了，心脏病没有击垮亨利，他活到了比医生的预言长数倍的寿命。他依旧喜欢清晨散步，但不幸的事情还是发生了——那一天早上，当在一个偏僻的地方散步时，他忽然心脏病发作，无力地倒在了地上。

亨利没想到，自己还能醒来。在他睁开眼睛时，看到床边站着一个十几岁的男孩。这个男孩忽闪着一双大眼睛，一脸关切地看着他。亨利内心很受感动，深情地握住男孩的手说：“谢谢你，孩子，你救了我。我想知道的是，你是怎么发现我的？”

男孩看到他醒来感到非常开心，便回答道：“我早上要去爷爷家陪他，正好路过那个地方。看到你躺在地上时，我就想起了爷爷说过的那个在他年轻的时候被一个和我一样大的男孩救起来的事。我想，我也一定能够做到这一点，于是我就使出全身的力气去拉你。幸好你的身体还不算重，我最后成功了。回去后，我一定告诉爷爷，因为他告诉我要尽力帮助每一位需要帮助的陌生人，今天我终于做到了。”

亨利这个时候才知道，这个孩子原来竟然是自己当年帮助过的那个陌生人的孙子！这一刻，他不知道该如何形容自己的心情——没想到一次努力帮助过的人，竟然在数年后通过教育自己的孙子也这样做而救了自己。

帮助别人就是帮助自己，这样一种思维在世界各地都是流通的。当我们在帮助别人后，别人也会在之后的某一个时刻向我们施以援手。犹太人为什么会选择把帮助别人演变成为一种习惯？这种思想就像是中国人经常所说的一句话——“积德行善，终得好报”。很多时候，你帮助过别人，等到你需要帮助的时候，就不怕没人来帮忙了。

犹太人在生意场上是非常注意帮助别人的，对他们来说，把帮助别人演变成为一种习惯，这是一种具有长远眼光的做法。说不定哪天当自己在生意上出现一些自己不能解决的难题时，那些曾经被自己帮助的人就会主动伸出援手。

所以，在能帮助别人时，犹太人总是毫不吝啬自己的爱心。因为他们明白一个非常重要的原则：如果你不帮助别人，那么你不但会受到自己良心的谴责，同时也很有可能在以后落个孤立无援的结局。

心灵寄语

我们如果想要有犹太人一样的人脉，就需要自己在平时没事的时候给朋友发条短信沟通一下感情，这样才会在自己需要人帮助的时候有人来帮你。这就是俗语所讲的“晴天留人情，雨天好借伞”的道理。

契约精神，合作磐石

任何交易都无法摆脱理性思考的利弊权衡，犹太民族非常清楚这一点，因此对如何达成交易的过程了然于胸。契约精神，是一种发自内心的对交易双方的尊重，对交易公平的追求与守护。

如果用超越宗教的角度再一次思考“西奈山会盟”的内涵，那么我们这样理解摩西与上帝之间达成的“十诫”约定——那是上帝与犹太民族的两个领导人在意识形态和社会守则之上所达成的平等“契约”。那么“十诫”，便从一开始就具备了契约双方的平等性。可以这样讲，犹太民族的历史，正是一部遵从并延续契约精神的历史。

契约所列出的条件与可用于交换的利益，是彼此达成合作的前提基础。对对方所列出的一切可供交易的条件，平等与尊重则是实现交易的前提。对上帝所列出保佑自己民族平安到达终点的条件，基本的尊重来自上帝对选择自己民族的自豪感，来自在“最后审判”中自己所得好处的期待，更来自对上帝本身所代表的公正与理性的信任。正基于这几点，犹太人与上帝达成了合作协议，并在生活之中践行着契约所列出的规则。

犹太人非常享受达成契约所经历的过程，这是一种在理性层面进行的整体把控。只要在平等的前提下进行交易，就算是上帝，那也是可以进行一番讨价还价的！

“讨价还价”主要讲的是契约的实现过程，在这种过程中不断地为自己争取更有利的条件。犹太人对交易的讨价还价所花费的精力，远远胜于结果所带给他们的快感。

在《圣经·旧约》第十八章中，有一段亚伯拉罕和耶和华“讨价还价”的谈判过程：

上帝欲降罪所多玛和俄摩拉城，犹太人的先祖亚伯拉罕站了出来，与上帝进行了一番“讨价还价”——

亚伯拉罕问道：“假若那城里有50个义人，你还剿灭那地方吗？”

上帝说:“我若在所多玛城里见有50个义人，我就为了他们饶恕那地方的众人。”

亚伯拉罕又问上帝:“假若这50个义人短了5个，你就因为短了5个毁灭全城吗？”

上帝回答道:“我在那里若见有45个，也不毁灭那城。”

亚伯拉罕又将义人的人数降低到了40、30、20个人，最后降低到了10个人。上帝同意了亚伯拉罕的条件，说只要找到10个人，也不毁灭那城。

使对方认可你的看法，变更己方的条件选择退让，看起来是有些“得寸进尺”的讨价还价，但本身是一种契约精神的体现。亚伯拉罕在与上帝进行交易的一开始就彰显了犹太人善于“讨价还价”的功力，但本质上是其理性思考的表现。反之，如果上帝不允许人类与其“讨价还价”，那么契约的平等也就无从展现了。

契约精神不仅体现在双方平等的“讨价还价”上面，还体现在双方所签订的契约具有不可违反的效力上面。遵守约定在犹太人的心目中是一件非常神圣的事。“遵守契约、尊重契约，获得的不仅仅是尊重。”在犹太人的认知中，只要是双方有约定，就需要想尽一切办法去遵守；一旦其中一方违约了，就会受到来自上帝的严厉惩罚；如果双方一直都非常信守约定，上帝自然会给予很多幸福的保障。

犹太人乔费尔拿到了美孚石油公司的餐具订单——3万把餐刀和叉子，并且确定了交货日期为那一年的9月1日，地点是在芝加哥。接到了这个订单以后，乔费尔丝毫不敢怠慢，立刻请他一直合作的一个老牌厂商赶制这批货。

然而，往往越是紧急的时候就越容易出差错。在快到交货期限时，没想到那个厂商却突然出了问题，不能按期交货。焦急万分的乔费尔为了保证能够信守自己的承诺，在不断地督促厂商加班加点赶制产品的同时，还使用了飞机进行货物运输，最终守护了自己按期交货的良好信誉。

为了信守合同约定，乔费尔在这次订单的成本上的付出是非常惨痛的——在每把刀叉原有的成本上多投入了6美分。但由于他的恪守信用，美孚石油公司的管理者对其非常赞赏。

见微知著，就是这样一个订单履约之事，让很多人看到了整个犹太民族重合约、守信誉的精神。乔费尔也因为他的良好职业操守而得到了更多的尊重和合同，获得了丰厚的回报。

遵守约定，这是犹太人坚守的商业智慧。犹太人为了完成与对方的约定，不管付出任何代价，不管出现何种原因，都会尽力如期完成自己的职责。哪怕是为此付出一定的经济损失，他们也在所不惜。在犹太人的理念中，他们不可逾越的道德底线之一，就是重合同、守信誉的精神。

在全世界的商界中，关于犹太商人重信守约的典型事例比比皆是。犹太人始终坚定地认为，“契约”是和上帝的约定。如果轻易毁约，就如同亵渎了上帝的神圣。虽然世界一直都在变化，但契约的内容往往都具有一锤定音的效力。所以，商人只有在遵守和维护契约的基础上，才是彼此实现双赢的有力保障。

曾经有一位日本商人和犹太人做了一笔生意。当时双方所签订下来的合同内容，是生产10000箱蘑菇罐头，每箱20罐，每罐100克。但等到收到货物时，犹太人却发现日本人在没有通知自己的情况下，将每罐罐头的重量增加到了150克。按照常人的思维，这多出来的都是赚的，很多人会非常愉快地履行合同中接下来的事宜，但犹太人却不这么想。他们认为这样做没有遵守事前签订好的合同，所以他们拒绝收货。同时，犹太人要求日本人完全按照合同的要求进行一系列的赔偿，其给出的理由就是日本商人擅自违反了他们之间所签订的合同中所规定下来的条款。

日本人当然不可能轻易地赔偿对方一大笔损失费用，于是他们之间进行了一系列拉锯式的谈判。最终，日本人依旧无法改变由于违反合同而需要承担的相应后果，赔付了犹太人十多万美元的违约金。之后，他们还要把全部货物拉回，自己另行处理。

犹太人始终坚定地认为，契约一旦签订下来，就一定要完全执行。就算是面对任何困难，都不能改变契约完成的时间和内容。犹太人认为：“契约是衡量一个人道德品质的天平。”他们在经商时，非常厌恶违反契约的行为。他们认为，犯下这样过错的人一定要对其进行最严格的责任追究，要让违约者赔偿全部损失。

遵守约定是一件非常神圣的事情。犹太人认为，只有那些重合同、守约定的商人，才能获得真正的财富。

心灵寄语

西方有句名言："一个人的思想决定他的为人。"此语概括了人生的全部内容，道尽人间百态。而履行约定，则是一个人本身应该具备的道德品质。对契约精神的传承，是重信义、讲原则的重要体现。身为中国人，这样一种契约精神早已经融入我们的血脉，需要我们用一颗敬重之心，将之传承下去。

学会欣赏，好处先让对方尝

在人际交往中，有很多人想靠努力表现自己的聪明才智来赢得交往的主动，这在犹太人看来是再拙劣不过的交际方法。法国一位心理学家说："如果你想树立一个敌人，那很好做到——你拼命地超越他、挤压他就行了。但是，如果你想赢得一个朋友，那就必须学会让朋友超越你，在你的前面获得好处。"

在21世纪，随着信息时代突飞猛进的发展，传统的用人规则被很多新的变化打破。特别是在尊重个性与创意的今天，很多随着时代快速更新的理念在公司发展中要远远胜于多年的经验积累。史蒂夫·鲍尔默身为犹太家庭长大的微软前CEO，也用自身切实的行动证明，在一个需要自己让"贤"的时刻选择主动离职，将给后来者树立怎样的榜样。

史蒂夫·鲍尔默出生在一个普通的犹太家庭，从小受到了非常正统的犹太文化教育。他从小就遵从他父亲的谆谆教诲，顺利拿到了哈佛大学数学系的奖学金，于1973年进入哈佛大学学习。1974年，18岁的鲍尔默与比尔·盖茨相识，并在其劝说之下于1980年加入微软公司。鲍尔默的加入，为这个尚处于萌芽时期的公司注入了一针强心剂。

2010年以来，全球新媒体平台的发展对微软公司的发展造成了严重的冲击。在网络化的时代，微软公司应如何应对挑战，对时任首席执行官的鲍尔默来说是关乎公司生死的头等大事。

2013年，鲍尔默决定离开微软公司，并于9月26日作为CEO出席最后一次公司会议。在这次会议上，他动情地说道："对正处于过渡转型中的公司来说，永远没有所谓恰到好处的时机，但现在确实是一个正确的时间。而对我来说，这虽然是一件既让我感到悲伤并非常艰难的事，但是我愿意为自己所热爱的企业利益主动走出这一步。我也许是一个已逝时代的象征，需要就此停歇去做别的事情。不管我是多么热爱我现在所做的一切工作，但是对微软公司来说，向新时代迈进的最好方式还是引进新的领导者来加快公司的变革。"

对鲍尔默来说，微软就像在他的陪伴下一点点成长起来的孩子。如果微软需要技术更新，也需要一位同样具备新型思维能力的领导者。他积极面对自己在意识与领导能力的落后，宁愿用一颗欣赏后来人才的平静之心主动让出自己的位置。不得不说，鲍尔默拥有无比强大的理性见解，拥有主动让贤的包容品质，更拥有着对公司发展负责的超强责任心。

同理，如果你想要客户购买你的商品，那就要从满足他们的表现欲这方面进行营销。表现欲人人都有，客户当然也不例外。在销售中我们发现，一旦我们给客户施展自己才华的机会，满足了他的表现欲，他会不自觉地对我们产生好感；但是当我们超越于他们之上时，他们内心便会感到不舒服，有的甚至会产生嫉妒心理。

提到爱德华·伯奈斯，可能没有多少人知晓他的传奇人生。他是心理学家弗洛伊德的外甥，同时也是20世纪二三十年代美国著名的公关大师。他深知“表现欲”在心理学中的重要意义，并将这种理论成功地运用到了他的广告营销之中。他本人也被后来人喻为“公关之父”。

1915年，当伯奈斯得知自己需要接手狄亚格列夫皇家芭蕾舞团来美演出这一宣传工作时，他在日记中这样写道：“我被分配了一份完全不了解的工作。事实上，我确实对芭蕾舞半点兴趣都没有。”要知道，伯奈斯并不是当时唯一不喜欢芭蕾舞的人。因为在美国当时的传统认知中，男性舞者是不被社会接受的，而且大众认为他们所跳的舞并不好看。所在，美国人普遍对芭蕾舞缺乏兴趣，伯奈斯的演出宣传工作也面临着巨大挑战。

伯奈斯在经过一系列心理学上的研究与思考之后，选择了一个经典的营销方式——他向美国社会抛出了一些独特的问题：“美国人耻于变得更加优雅吗？”这是什么问题？！难道还有人会拒绝接受优雅，并耻于在众人面前展示自己的优雅吗？这个问题问的角度如此奇特，一下子激发了人们对“优雅”这一文化的追求兴趣，更增强了人们向外界展现自己本身是“优雅的”表现欲望。而在伯奈斯的营销策划里，所谓“优雅”自然是与观赏芭蕾舞有着密不可分的联系！

经过他一系列的公关运作，这支芭蕾舞团的票还没有等到演出开始就已经销售一空。在接下来的时间里，他们在美国的许多城市进行巡演，都赢得了强烈反响。成千上万的小女孩将成为一名芭蕾舞演员作为她们的梦想，而伯奈斯也就此改变了美国人对芭蕾舞的偏见，将“看芭蕾舞演出是一件优雅的事情”灌输到了美国人的观念之中，满足了他们通过这一娱乐方式体现自己是优雅的表现欲望。

在犹太人中经常流传着这样一个问题：你认为世界上最有效的促使人们去做任何事的方法是什么？答案是给他们想要的东西，也就是去欣赏别人想让你欣赏的东西。在犹太人看来，欣赏别人是一种提升自己心怀的本领——当你真诚地欣赏别人时，别人也会对你赞叹不已。

除此之外，在合作的过程中，还需要注意另一种交往技巧，那就是先让自己的合作伙伴第一个尝到甜头。在获得利益的前提下，犹太人比较注意先人后己的行事规则。因为这种行为会让合作者更加认可自己，并保持长久的合作关系，可以获取更长远的利益回报。

很久之前，流传着这样一个体现不同国家和民族文化特点的笑话——

苏联在成功发射载人火箭之后，世界上的其他国家便忙着招考航天员。

主考官问来应征的人：要多少薪资才肯来参加这一次有极大风险的太空飞行?

德国人说：“我要3000美元，1000美元给我的妻子，1000美元作为买房子的基金，剩下的1000美元留给自己花。”

法国人说：“我要4000美元，1000美元给我的妻子，1000美元还房贷，1000美元给我的情人，剩下的1000美元留给自己用。”

而犹太人却说：“我要5000美元，1000美元给你，1000美元给我，剩下3000美元，我聘用德国人去开航天飞船。”

请注意看一下这个犹太人的表述方式，“1000美元给你，1000美元给我”——在这个故事中，犹太人非常细心地将面试官的利益放在了自己小家庭的前面。只有这样表达，能够顺利地吸引主考官的注意力，并重视和自己合作的好处，进而提升自己争取到这个任务的概率。而其他人都第一个想到了给自己家里多少钱，并没有将“主考官可以获得什么好处”放在利益分配的首位进行考虑，也就自然而然地在与犹太人的竞争中败下阵来。

当然，在这个故事中，我们的重点表达“先行让利”的理念对合作成功的概率有着怎样的影响。因为我们也许会发现这场交易里有“贿赂”的意味蕴含其中，但这并不是本节所强调的重点。先行让利是让对方感受到自己受到你的重视，甚至你为他放弃了自身可以获得的最大利益。从博弈论的角度来说，主动让利是一种站在对方利益角度的互惠互利。

心灵寄语

生活中的每个人都是希望自己能够受到别人重视的，因此犹太人认为，如果你想要与别人相处得十分融洽，就去满足他们这种“希望具有重要性”的心理，真诚地去赞赏他们，并怀着一颗谦让理解的心让对方先去品尝胜利果实的甜美，这样你才能成为一个受欢迎的人。

他山之石，可以攻玉

“他山之石，可以攻玉”，这一哲理在我们生活中也是被人们充分利用的做事原则。不论在商界、政界，还是在科技界，犹太人并不一定会在任何时候、任何场合都有着极强的工作能力。相反，他们会认为自己确有不擅长之事，并将这些工作交给擅长的人去完成。

很多时候，一味自顾自地埋头工作，并不一定会给自己带来事半功倍的收获。很多犹太人认为找对方法，学会分配工作，才能让你产生更加高效的工作成绩。一个人哪怕拥有非常强的能力，比起一个团体，依旧无法与之相提并论。

所以，一直抱有“一切只靠自己”想法的人，最好尽快放弃这种想法。虽然这样的道路最终你可能成功，但你所付出的实在是太多了。现在明明有更好的办法提前获得成功，为什么还要舍近求远呢？犹太人对人才的渴求，直到现在也是我们值得借鉴的重要经验。

从成本投入上来分析，或许在引进人才的时候需要投入相对多一些的资金与精力，但是必要的投入是一种“磨刀”之功，彰显其价值不急于一时一刻。急功近利者吸引不到人才，更无法培养忠诚于自身的人才。

犹太人米歇尔在刚开始创业的时候，仅仅有一家小小的食品店，但最终他拥有了一家跨国企业。在他的发展史中，最重要的成功秘诀就是其善于借助先进的通信科技和大批技术经营高级人才。

在企业起步时，米歇尔真的是不惜砸锅卖铁，也要让企业不断采用世界最先进的通信设备；只要能够请到有真才实学的人才，即便是再高的薪酬他也舍得去给。虽然刚开始大家都不看好他，但随着他的生产技术的不断提高，高素质人才的不断加入，企业的管理模式越来越成熟，公司信息灵通异常，他在自己所处行业中慢慢走到了领先地位。

人们常常会注意到名人对某一个产品的评价，通过辨别他们的评定口吻与肯定程度，去判断是否对这一产品产生信任，并进行购买。只要那些产品评价有较高的含金量，就具有非常强的说服力。

一位犹太出版商手中积压着一批滞销书。为了能够把这些书销售出去，他想出了一个好点子，把这本书送给总统一本，然后不断地去征求总统对这本书的看法。总统忙于政事，哪有闲暇时间看这本书呢？实在没有什么推托的理由了，总统于是就随口对他说了句："很好呀！"

正是这句话，让这位犹太出版商简直是如获至宝。于是这个商家打出来广告，宣传这是本"总统爱不释手的书"。很快地，这本书全部售完。后来，当他又因为另一批滞销书想办法时，他又故技重施。这次总统留了个心眼，对他说"这本书不好看"。没想到这个犹太出版商依旧打出了广告，声称"总统讨厌的书出售"，书又一次全部售完。等到他第三次这样做的时候，总统吸取头两次的经验，一句话也没说将书扔在了桌上。可令人想不到的是，出版商依旧做出了恰到好处的广告——"总统难以下结论的书，欲购从速"。于是，书再一次销售一空。

这位犹太出版商凭借自己的书籍与总统的知名度紧密捆绑在一起的宣传手段，将所有滞销书卖光。如果名人能给出好评，那自然是好事；但若名人使用你的产品之后没有给出好评，也可以起到为你产品宣传造势的作用。因为名人在使用你的产品，这种行为本身就是对你的产品认可的证明。

在犹太人看来，只要能与名人"发生哪怕一丝一毫的关系"，就能提高你或你的产品的身价。比如，该产品与名人的合影，产品相关人士得到了名人的签名，或你的产品与名人的出生地有某种联系，或邀请名人为你的公司、产品题词等，都能扩大你的产品的影响力，帮你达到高效办事的目的。值得一提的是，邀请名人免费使用你的产品，其实与让名人评价你的产品有异曲同工之妙，而且最终还要回归到名人对产品的评价上来。

下面我们再来看另外一种"他山之石"，对极有天赋的人才来说，面对不如自己的后来人，他们又会在与其合作的过程中，持有怎样的态度呢？

我们都知道，天才的音乐家总会想在一场场大型的音乐会中展现自己的高超才华。与音乐家配合演出的交响乐团中的队员们，也许并不是音乐造诣方面的高手。但是在很多音乐家眼中，这些交响乐团中的团员们依然需要自己的尊重。因为只有他们与自己默契配合，通力协作，才能为听众们呈现一场宏大而又完美的音乐会。在这些认可"他山之石"的音乐家中，有一颗闪烁着璀璨光芒的耀眼之星，他就是20世纪著名的波兰犹太裔小提琴家——布罗尼斯拉夫·胡贝尔曼。

胡贝尔曼于1882年12月出生于波兰的一个犹太人家庭，很小就显现出过人的音乐天赋。在他6岁的时候，父母将他带到了华沙音乐学院学习小提琴。仅仅过了一年的时间，他就有能力在公开的音乐会上表演高难度的小提琴曲目。他的第一次最为重要的音乐会，是1892年在维也纳举办的。

胡贝尔曼在他50年的职业生涯中，获得了无数荣耀，被认为是最富有独创性的小提琴家。但尽管如此，他仍然非常谦逊，并对与其合作演出的所有音乐家们都表达自己的关怀与鼓励。

钢琴家鲁巴金曾经长期与胡贝尔曼合作，从1939年到1946年，他为胡贝尔曼担任伴奏的工作。鲁巴金虽然在名声上面不如胡贝尔曼，但两个人彼此相互配合得非常默契。在胡贝尔曼看来，请鲁巴金为自己的表演伴奏真的是非常正确的决定。他总能给自己提供一个稳定的拍子，拉出来的琴音在音乐厅上空自由地飞翔。

当胡贝尔曼在音乐厅的演出台上激情演奏的时候，谁能想到，他身后的那个钢琴伴奏人员也同样起着如虎添翼的作用。胡贝尔曼知道，好的伴奏可以帮自己更充分地抒发作品中的意境、展现自己的音乐才华。所以，胡贝尔曼与鲁巴金的合作一直持续了很长时间。

利用他人的优势为自己所用，本身就是可以帮助自己解决问题、改变命运的有力武器。借助别人之力，提升创造力并不是一件丢脸的事情，反而是一件值得庆幸的好事。如果我们身边没有这样的人，那么我们将失去变得更加强大的机遇。

心灵寄语

在当今这个世界里，充满着各种机会，但是机会都是稍纵即逝的。一旦有了机会，就应该及时把握，充分借助他人之力，或是他人之名，勇敢地做出推广自己的正确决策。否则，你就只能永远站在那里看着别人成功。

集体智慧使人直面沧桑

集体智慧是一种共享的或是群体性的智能。在互联网时代到来之前，集体智慧就在生物学、社会学、大众行为学、心理学等领域起着广泛的作用。在失去国家的条件下，犹太文化之所以仍然保持着独立的民族特性，与他们充分运用集体智慧是分不开的。

犹太人和我们中华民族一样，都在宣扬与维系集体主义上下了很大功夫。尽管很多犹太人仅仅承认自己只是存在着犹太血统，而本身则完全认同并能够融入宣扬个性主义的其他西方国家，但是在很多异族人的意识之中，犹太人善于抱团的互助式集体主义文化内核是永远无法消亡的。

从客观的角度来看，民族的特性需要集体主义意识进行维持，这是一块稳固民族文化核心的基石。只要是在一个民族文化中的传统节日中，对节日传统习惯的坚守，其实都是集体主义精神的象征。犹太教中有很多重要的传统节日，这已经超过了传统的宗教意义，上升到了一个民族的独特象征高度。

从他们的经典传统中，我们也可以看到集体智慧的存在。比如，《塔木德》的成书就不是一人之功，而是很多具有影响力的犹太贤哲与犹太教研究专家共同完成的经典之作。这些极富学识的贤哲与专家，组成了一个在社会中极负盛名并拥有领导地位的学者阶层。这些学者以维护犹太教的传统，秉承与发扬犹太精神和价值观念为己任，通过对教义的研究，形成系统的犹太教口传律法集。

翻开《塔木德》，我们会发现每一位学者在表达对神灵、伦理等方面的看法都各不相同，有些人好用比喻，有些人好引寓言；有些人好直抒胸臆，有些人好旁征博引……他们所擅长的发散思维，在这本著作中体现得淋漓尽致。

通过对《塔木德》的成书过程的追忆，我们可以看出，整个犹太宗教传统就是集体智慧的结晶。这些学者是宣扬上帝道义的中坚力量，对犹太民族中不同阶层的人选择用不同的方式进行教化，其本身就是对他们本民族伦理秩序的维护，对犹太文明的坚守。

犹太人的抱团，并非完全来自对犹太教教义的尊重，更来自他们懂得用其民族集体主义精华去与人性中的弱点进行对抗——尽量这种对抗带有血泪的悲壮，还带有直面失败的苍凉！

没有人能够独立解决所有问题，总会有求助于人的时候。犹太人流离失所，无时无刻不在找解决困境的方法。合作思维，在犹太人之间形成了强大的张力，激发起一个民族共渡难关的历史传统。

犹太教并没有基督教的原罪论，对神犯下的过错却是一定要请神原谅的。这种求得神灵宽恕的方式不必经过拉比作为媒介，可直接在神的面前忏悔；同样，对他人所犯下的过错也需要公开承认自己人性的软弱与渺小，请求他人的原谅。不仅如此，犹太教在"赎罪日"当天还需要拉比终日替犹太人进行祈祷忏悔。他们会代表所有犹太教民向神请求说："神啊！请原谅我们！"在犹太人眼中，人是弱小的，每一个人都对"罪"有着不可逃脱的连带责任。一人有罪，唯有众人共同背负才可担当得起。

运用集体的力量解决某一问题的合作思维，其主要功能在于提供尽可能多的解决思路和方案。或许这些思路和方案并不都具有可行性，但是意见在数量上的保证，能够为解决问题提供更多思路。

1931年，震惊中外的九一八事变爆发，日本随后侵占了我们东北三省。钱伟长原是中文系学生，知道中国当前政局之后拍案而起，转为物理系学习。

1940年，钱伟长在加拿大的多伦多大学主攻弹性力学。他的导师辛格和他一起，研究薄板薄壳的统一方程。后来，钱伟长发表了题为《薄板薄壳的内禀理论》论文。这篇论文由钱伟长写成初稿，并经由辛格修改之后，发表在纪念美国科学家冯·卡门60岁寿辰的论文合集里面。在这本论文合集中，还收录了当时美国著名的科学家爱因斯坦的论文。

当爱因斯坦看到了钱伟长的那篇论文之后，立刻惊讶地赞叹道："中国的钱真是太伟大了，他解决了一直困扰我的问题！"因为当时爱因斯坦正在进行核物理方面的研究，所以钱伟长的那篇论文研究成果，为爱因斯坦提供了很大的借鉴意义，并使其在研究时光和进程方面提升了进展速度。

第二次世界大战期间，德国用最新型的火箭对伦敦进行攻击。伦敦面临着德军步步紧逼的困境，因此英国首相丘吉尔向美国政府请求支援，希望能得到美国有关方面的帮助。爱因斯坦在得知英国的状况之后，便用钱伟长板壳内禀的研究成果，建议丘吉尔在伦敦市中心制造出一些被火箭弹击中的伪装假象，使德军的火箭弹在发射后不改变射程，进而确保伦敦市中心的安全。

如果没有辛格，钱伟长的研究也许会举步维艰；如果没有钱伟长，爱因斯坦也许对困扰其多年的问题也很难获得有效进展。科学家们从来不避讳自己面对困难时的窘境——爱因斯坦所具备的合作精神，让他能够谦虚地吸收他人的见解，并非常感激这位年轻的中国科学家钱伟长给自己带来的启发。

不仅是钱伟长，爱因斯坦与西拉德、奥本海默、特勒等人也是要好的朋友，在交流中也吸收着彼此的见解。正是通过这四个人的共同努力，才将原子弹和氢弹制造出来。除此之外，爱因斯坦还和弗兰克、尼尔斯·玻尔、赫兹有过一段交往甚密的交情。爱因斯坦说过这样的话：“世间最美好的东西，莫过于有几个头脑和心地都很正直、严正的朋友。”

合作精神，使爱因斯坦攻克了科研路上的一项又一项重大课题，而他的一生都在为此做着最好的诠释。我们常人又怎能坚定地认为，独行必然能够到达成功的彼岸呢？

正是无数科学家在科研问题上的集思广益，才使科学技术不断向前发展，甚至改变了历史车轮前进的方向。因此，不管是商业上的合作，还是科学界的合作，犹太人一直相信集体的智慧对自己的事业是有利的。

心灵寄语

集体智慧用中国的俗语就是“三个臭皮匠，顶个诸葛亮”。与人合作永远是社会法则的基本内容，我们需要借助群智来实现自己的梦想。过去，我们曾经在集体主义的感召下实现中华人民共和国的诞生；未来，我们依然需要依靠集体智慧创造美好的明天！

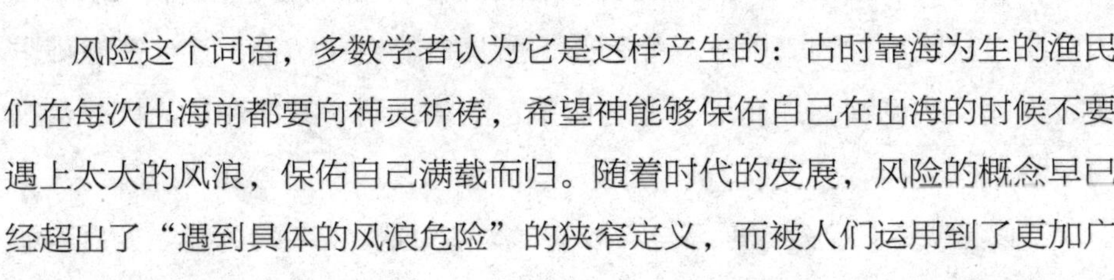

第五章 敢于冒险，才有突破

风险这个词语，多数学者认为它是这样产生的：古时靠海为生的渔民们在每次出海前都要向神灵祈祷，希望神能够保佑自己在出海的时候不要遇上太大的风浪，保佑自己满载而归。随着时代的发展，风险的概念早已经超出了"遇到具体的风浪危险"的狭窄定义，而被人们运用到了更加广泛的领域与行业中。

随着风险意识的出现，冒险行为成了人们不断超越自我的证明。冒险精神是犹太民族在恶劣环境下勇敢求生与发展的有力武器，是一个民族所具有的共同价值观。犹太民族是怎样面对风险的不确定性，并与自己的命运进行对抗的呢？

直面失败是冒险的前提

风险因素会为某一特定行为带来诸多不确定性，增加成本的投入，降低成功的概率。简单地说，只要有风险的存在，就有行事失败的可能。当然，失败是一种相对的概念，它从与我们最初所期待的目标对比中产生出来，那是我们认定自己是否成功的直接判断标准。只有先对失败持有正确的态度，才能用一种平常心面对冒险过程中的不确定性。如果我们担心失败，也就是无法理性地承担风险。自然，这种担忧对我们培养冒险思维并没有好处——担心失败，将成为自我突破的绊脚石。

正如我们所见，犹太人是一个从失败中不断成熟并发展起来的民族。如果我们回溯历史，会发现犹太民族对失败这一问题，一直怀着一种平常心态。犹太人有一句古老的谚语：“一个义人失败7次，他还会重新开始。”比如，在复国主义感召之下，犹太人一次又一次发动起义，但最终依然在2000年的异族统治下被打压得遍体鳞伤，流散四方。但是，他们最终还是奇迹般地复国了。尽管复国的背后有多国角力的复杂政治背景，但犹太民族终究再次拥有了自己扎根的土壤。

以色列拥有两个信条：第一条是不怕失败；第二条就是不要忘记失败。时任以色列驻上海领事馆总领事的安迈凯先生曾在一次中国记者的采访中这样谈及失败的问题：

> 失败并不可怕，接受失败是成功的开始。你会发觉，世界上成功的案例其实非常稀少，失败的案例会比较多，你能够从失败中学到很多新的东西。我每天也会犯很多错误，没有一个人是完美的，我要做的就是不重复相同的错误。我每天花很多时间思考如何避免相同的错误。每个人来到世上，都是有使命的，然后很多人组成团队，一起把这个世界建设得更好，做一些正确的事情。

犹太人认为，如果一个人时常沉浸在成功的甜美中，而将失败的苦涩忘到脑后，那么终究有一天他会再一次品尝到失败的苦果。因为成功会让人松懈，忘记了风险随时都会出现；而失败会让人时刻警惕风险，甚至在经常失败的过程中学会有效规避风险，最终获得成功。

对成功的偏执追求会让人觉得失败是一件“没有面子”的事情，可是“面子”在犹太人之中其实并不存在。在犹太人的心中，就算是一个失败者，也有着其应该尊重的体面。失败在他们眼中，并非是一件“没有面子”的事情。

因为怕丢面子而担心失败，因为怕丢面子而不敢冒险，这种“面子”情结使很多人不去对现实进行客观理性的分析，而深陷在一种恐慌情绪之中。现在让我们回顾一下青霉素的发现历程，看看弗莱明是怎样面对失败的考验的。

1881年，亚历山大·弗莱明出生在苏格兰洛克菲尔德的一个犹太人家庭。在他7岁的时候，父亲去世了，母亲独自一人承担生活的重担。弗莱明遵从哥哥的建议，开始从事医学研究，并于1909年取得博士学位。

在第一次世界大战期间，弗莱明开始研究杀灭细菌但对人体无害的物质，这一研究就是10年的时间。在这10年间，他所经历的失败是不计其数的，但他仍然没有放弃自己在10年前所设定的研究方向。

1928年夏季的某一天，当弗莱明打开培植葡萄球菌的玻璃器皿时，无奈地发现器皿的边缘出现了一层灰绿色的真菌，而他所培植的细菌已经彻底腐烂了。这又是一次他“习以为常”的失败，但是弗莱明并没有像往常那样直接将器皿里的东西清理干净，反而好奇地观察起那些真菌来。让他感到惊奇的是，就算是整个培养基的平面几乎布满了葡萄球菌，那出现真菌的周围却没有任何细菌的身影。这样的现象，意味着正是这种真菌阻止了细菌的扩散，并最终将真菌周围的细菌消灭掉了。

在发现这一现象之后，弗莱明和他的同事将其写成了论文，发表在英国的《实验病理季刊》上面，并将这一物质命名为“青霉素”。1945年，弗莱明与另外两人共同获得了诺贝尔生理学及医学奖。虽历经失败，但弗莱明仍然不放弃对这一课题的钻研。他用理性战胜了次次失败的打击，用坚守赢得了最后的成功。

人生有成功，也就有失败，这不过是必然的经历罢了。在犹太人的心中，失败并不能证明自己的无能。只要能够坚持下去，勇敢地承担风险，就算这次失败了，也有可能是下一次成功的阶梯。不敢面对和承认自己失败的失败，才是人这一辈子最大的失败。贝多芬——以一个双耳失聪的身份，向我们展示了身为一名伟大音乐家直面失败、永不服输的精神之旅。

路德维希·贝多芬于1770年12月16日出生于德国波恩的一个犹太人家庭。在父亲严厉苛刻的教育之下，他度过了自己的童年时光。20多岁时，贝多芬已经出现严重的耳疾；到了32岁的时候，他已经完全听不到外界的声音了。

一个音乐家，一个依靠声音的奇妙向世人传递思想与情感的人，失聪对他的打击是超乎常人的。但是，身为一个听不见的人，却拥有绝不甘心认命的个性与决心。就算是无数次的失败，也无法击倒这个想要“扼住命运咽喉”的人！

从1804年到1827年贝多芬离世，20多年间他创作了大量的作品。不管是第三号《英雄》交响曲，还是第五交响曲《命运》，都获得了极大的好评。特别是《第九交响曲》取得了巨大的成功，也为贝多芬带来了他一生之中最辉煌的荣耀时刻。

直面失败并不是一种如“鸡蛋碰石头”般明知不可为而为之的鲁莽行为，而是需要通过失败认识到哪些风险被我们忽视了，哪些风险我们可以有效规避或是解决。通过理性的分析，去判断失败的价值，进而在冒险的过程中避免冒进行为的发生。这才是失败在生活中的真正作用，是犹太民族在千百年来与命运抗争的重要经验。

心灵寄语

准备面对失败可能性的风险意识，和承受“必然失败”时的胆怯心态有着天壤之别。前者是可以成为充满智慧的强者，而后者则不过是一个缩手缩脚的懦夫。冒险精神是我们战胜人性弱点的刀剑，而正视失败则是我们用来磨砺刀剑的砥石。

求异思维本身就是一场冒险

当我们战胜“害怕失败”的心态之后，接下来需要我们运用自己的思维进行一场冒险之旅了。人类的强大学习能力，是对风险管控的经验积累成冒险思维的合理来源。如果风险代表的是一种对未来结果不确定性的判断，那么冒险思维则需要向这种不确定性进行挑战，是一种基于客观理性分析之上的主动出击。

《塔木德》中说：“本金有安全保障的投资原则才是一流投资，为了追求高利润而失去本金的投资行为是愚蠢的冒险。”犹太人的冒险思维之强，是在行动中展现对风险的掌控能力。在他们看来，想要赚钱，必须承担一定的风险。因此，哪怕是很小的风险，也需要对其进行一个理性的评估，否则无异于鲁莽的赌博行为。

在犹太人的生意经里面，自己所制定的目标虽然可以带有一定的风险系数，但也必须具备目标的可实现性。而具备冒险思维的重要一点，就在于能够理性判断出哪一种途径对实现目的的帮助最大、应该如何避免失败的危机。

1976年的“恩德培行动”，正是犹太人所具备的冒险思维的体现。当时，国际恐怖分子劫持了一架飞往非洲乌干达的飞机，机上最后被扣留下来的人质只有以色列人和犹太人。劫机者威胁以色列当局：如果不按照他们的要求将40名巴勒斯坦囚犯释放，他们将杀死所有的人质。

以色列政府决定采取武力手段去营救这些剩下来的人质，并由280名成员组成的突击队进行紧急训练。以色列政府深知，从以色列飞往乌干达的途中1000多千米都是自己的敌对国家，而且恐怖分子正准备开始施行杀死人质的计划，情况十分危机。这趟营救，风险之大是可想而知的。据相关人员事后回忆，当时大部分人对此次行动的成功率判断只有20%，但是最终他们还是成功了。

为了降低此次行动的风险，以色列国防军还特地在自己的训练基础复制了劫持者所在建筑的部分特征。对这次计划的严密性，以色列也有着非常周全的考量。尽管此次事件造成了4人死亡的不幸结果，但是以色列政府已经将事态的严重程度降到了最低。这次事件的成功解决，充分彰显了以色列政府的冒险思维与风险掌控能力。

对很多人来说，想要接受一个对自己来说是全新的思维，是一件非常冒险的行为。这样做，就意味着自己将走上一条未知的人生道路。所以，面对这样或那样的顾虑，很多人就会选择借口逃避，放弃对冒险思维的坚持与实践。因此，培训成为少数人的勇敢行为。

19世纪，人类对细胞学的研究渐入佳境。大量从事医学的科研学者都在思考这样一个问题：为什么同样受到致病微生物的攻击，有些人生病甚至死亡，而另外一些人却依然很健康呢？而在对这个问题进行探索的众多学者中，有一个人看起来并不是那么的“专业”，甚至他都不是学医的。他便是俄国的生物学家梅契尼柯夫——就是那个提倡多喝酸奶对我们人体有益的人。

梅契尼柯夫出生于俄国南部，同样是一个在犹太人家庭长大的孩子。他曾在哈尔科夫大学攻读生物学，后来去往德国维尔茨堡大学继续深造。达尔文的《物种起源》一书指引梅契尼柯夫从被反犹主义深深干扰的困境中摆脱出来，让他对进化论产生了坚定的信念。

可偏偏梅契尼柯夫的性格偏急，又有些暴躁，因此在科研的道路上磕磕绊绊，并不得志。但他的要强个性却仍然推动他在微生物的领域执着并疯狂地探索着。如果说他过于情绪化使他看起来并不像一个沉稳内敛的研究学者，那么他对微生物和人体细胞之间的联想恐怕只能归结于他那“犹如天助”的灵感了——当时他正在研究海星这一神奇的生物。

梅契尼柯夫发现，在海星幼体的身体里有一些游走的细胞在吃食物，并将他放进海星幼体内的一些洋红色的细粒给吞掉了。敏感的直觉让他认为，这些游走细胞也一定会将微生物吃掉！而这些游走细胞也一定是保护海星的身体避免受到微生物侵犯的物质！那么人体也一定有对抗这些微生物的细胞！

“我突然成为了一个病理学家！”梅契尼柯夫在日记中如此写道。冷静下来的梅契尼柯夫深知，自己的这个大胆的设想还缺乏相对应的证据。

于是，他便将一个细木片刺进海星幼体，并判断那些游走细胞将会把这些异物围住。结果第二天一早，当梅契尼柯夫匆忙跑进实验室观察自己的实验结果时，他满意地发现围绕着细木片周围的正是这样一群游走细胞。他兴奋异常，并将这些游走细胞取名为“吞噬细胞”。

随后，他又在水蚤、豚鼠、羊身上进行近乎疯狂的实验，而伴随他这段沉迷于实验的，是大量的质疑、否定、挖苦与恶意攻击……由于当时科学水平的限制，人们无法看到人体内的吞噬细胞将微生物吞噬掉的具体过程，所以梅契尼柯夫的反对者抓住“无法看到真相”这一点，公开指责他说谎。双方的论战持续了20多年的时间，但是梅契尼柯夫坚持自己的观点。随着细胞免疫现象得到了更多实验资料的证实，他也因为此项成果获得了1908年的诺贝尔医学与生理学奖。

如果梅契尼柯夫在如潮水般涌来的质疑与否定中胆怯了，不敢坚持自己的观点，那么吞噬细胞必然将推迟被人发现的时间。冒险思维的成功，不但在于自己能否突破思维定式，迸发出新的想法；更可贵的是，能够在一盆盆冷水泼向自己的时候，还能保持自己冷静的头脑与炽热的内心温度。

面对人生出现的种种问题，如果你一直以风险因素太多而选择退缩、逃避，那么你逃得过这个问题，也逃不过另外出现的问题。你被这一串串问题逼到墙角，也无力挣脱问题的纠缠，甚至会毁掉自己的一生。冒险思维可以让你正确认识风险，有效管控风险，从而找到解决问题的突破口，战胜内心的胆怯，从而超越自己走向成功！

心灵寄语

接受一种新的思维，对自己来说确实是很大的冒险。因为自己的固有思维早已被多年的人生经历证明是安全可靠的。一个新的思维，特别是颠覆性的新思维，很可能意味着需要自己改变生活的处事模式，甚至走入一个完全未知的领域。主动朝前迈出一步，先要从思想上有这样敢于冒险的冲动。而产生这种冲动的背后，是你自己对新生活的憧憬与向往！

敢于尝试，是改变的前提

犹太人民的生存史，同样也是一部冒险史。摩西在冒险，最终他带领着族人来到了迦南地；曾经的“巴比伦之囚”在冒险，最终他们又重新复国强大起来；那些在强权之下被迫流亡的难民们在冒险，最终他们迎来了和平的曙光；那些至今仍在世界贸易中沉浮的精英们依然在冒险，最终他们实现了自己的名利双收。

冒险行为就是在面对风险时经过理性分析之后的行动，贸然行动并不是冒险意识正确性的体现，但是绝对不是“前怕狼，后怕虎”。很多人总有这样或那样的担忧，导致自己无法踏出行动的第一步——他们总是觉得，在没有对风险进行有效控制之前，是绝对不能进行尝试的。但是如果不去尝试的话，怎么能知道哪种风险是你能控制并解决的呢？如果不去尝试，怎么能觉得自己一定就会失败呢？

事实上，风险的可控性需要在尝试中去把握方向和程度，如果不去尝试，则无法从可积累的经验中获得有效认知。尝试性行为可以为自己的冒险思维提供经验教训，并能使你快速了解风险的可控程度，有针对性地找到相对应的解决途径。很多事情的尝试性处理确实需要面临可能失败的考验，但是不去尝试就与掌握风险的“可控性”失之交臂。

我们可以从诺贝尔化学奖得主亨利·莫瓦桑的个人经验中，看到主动尝试对科研来说有多么重要的意义。虽然科学研究本身就是一项具有很高风险性的工作，但是若某项科研工作危及自身生命，而依然有甘于冒这种风险、勇于尝试的科学家，那么他们更加值得我们敬佩与尊重。

1852年，亨利·莫瓦桑出生在法国巴黎的一个犹太人家庭。本来他已经读到了中学，但由于家境贫寒而不得不中途辍学。因为他喜欢化学这门学科，因此他在20岁的时候去了巴黎的一家药房当学徒，并在实际工作中学到了很多化学知识。他于1877年获得了学士学位，并从事无机化学的研究工作。

早在16世纪，人们就开始使用氟化物了，但是对单质氟的提取开始于

19世纪初。尽管我们现在所知氟化物会引起人体的慢性中毒，但是当时一心想将氟提纯的化学家们并没有因此停下科研的脚步。当然，莫瓦桑也是不怕的，反而下了更大的决心想将氟这种物质提纯出来。

莫瓦桑一开始选择用三氟化砷进行电解，但是以失败告终。他本身也由于砷中毒，自身的健康受到了严重的影响，因此不得不暂停自己的实验。后来，当莫瓦桑的身体稍有好转，就又开始努力进行提取单质氟的研究工作。最终，他在1886年成功地将氟制取出来，实现了许多年来化学家们无法实现的理想。后来他又改进了氟的制法，提取了更多的氟气；并利用这些氟气制备出许多新型的氟化物，甚至引导他成了高效制冷剂“氟利昂”的先驱者。

1907年2月，莫瓦桑的身体出现了严重的问题。他不得不承认，“氟将我所拥有的10年生命给夺去了”。但是，他并不后悔从事氟的提取工作，仍然对自己的科研成果感到骄傲和自豪。

契诃夫说过：“路是人的脚走成的，为了多辟几条路，必须多向没有人的地方走。”尝试是进行改变的前提，是你取得成功的必经之路。犹太人认为，在面对未知的生活和工作时，只要敢于大胆尝试，让自己的上进心成为生命的动力，就能取得前所未有的成功。

只占世界人口0.3%的犹太人，其在科研领域的精英占据着诺贝尔获奖者22%的席位。他们身上有太多值得我们学习的思想，但是其中之一必然是他们的敢于冒险的实践行动！不管是身体还是精神，不管自己是权威人士还是普通百姓，他们总是在自己的信念中坚强地探索着……

20世纪30年代，美国的生物化学领域依然是以研究组织、血液和尿液成分为主导的科研课题。大分子与细胞如何进行能量交换活动并没有被科研人员发现，“酶”还没有出现在当今的教材之中。对阿瑟·科恩伯格来说，“猎酶行动”是一次科研上的冒险探索，他只是无法知晓自己的终究会得到什么结果。但是，他依然无怨无悔地成为“酶”这种物质一辈子的“情人”。

1918年3月3日，科恩柏格出生在美国纽约州布鲁克林的一个犹太人家庭。他从小就是一个求知欲非常旺盛的学生，上学时连续跳了好几级，并以优异的成绩获得了罗彻斯特大学的医学博士学位。

真正赋予细胞以活力和个性化特征的物质是酶，它们对人的整个生命有至关重要的控制作用，任何一种酶功能异常都有可能让我们失去生命。科学家对酶的研究起步较晚，但是科恩伯格依然选择成为他们中的一员。

1946年，科恩伯格和他的科研组成员开始大规模制备苹果酸酶的实验。他们动用了几百只鸽子的肝脏作为自己的实验品，但是一连几个星期过去了，他们依旧无法获得预期的效果。就在科恩伯格将最后一瓶酶溶液倒进量筒里时，却不小心将工作台上的玻璃瓶打碎了，同时也将量筒打了个粉碎。几乎所有的溶液都洒在地板上，他们长时间以来的心血一时间化为乌有。

第二天早晨，科恩伯格瞥见了最后一小部分上清液。这本来应该被他倒掉的，已经变得有些混浊了。可是科恩伯格决定不将其扔掉，反而对这些液体进行一系列分析研究。让他惊喜万分的是，这一小部分溶液里竟然含有大部分活性酶，比他们之前搜集到的最好标本的纯度都要高出好几倍！

可想而知，正是一种对风险强烈的管控意识让科恩伯格并没有随手将这部分混浊的溶液倒掉，那种科研冒险与探索精神让他对这一部分溶液继续进行研究，终于让他获得了崭新的突破！

很多人听到了太多“试一试”的话，但他们对这种鼓励早已经“免疫”，充耳不闻。为什么会这样呢？这是由于这些人不会认可“尝试出真知”这样的经验总结过程，他们总会跟自己的失败过往较劲，被一次又一次失败打击得再也爬不起来，躺在地上苟延残喘着虚度一生。“试一试”这三个字，看起来简单，做起来确实不容易。但是，不去尝试，又怎么对得起自己难得降临的此生呢！

请多尝试那些自己没做过的事情，因为这不仅能丰富你的人生经历，增长见识，还能让你在不断的尝试中选出适合自己的工作。也许你尝试了很多次，最终也不一定会取得成功，但是如果你不去尝试，那你就永远都不会成功。只有一次又一次地尝试，你才能知道自己擅长做什么，才能选出适合自己的成功之路。

心灵寄语

任何一个有成就的人，都有勇于尝试的经历。很多时候，只要你一直都拥有一颗敢于尝试的上进心，那么你就能够拥有生命的动力。莎士比亚曾说:“本来无望的事，大胆地尝试，往往能成功。”

风险越大，机会越大

在犹太人看来，每次风险都潜藏着商机。越是风险较大的事情，也同样孕育着更大的商机。很多人之所以会与财富失之交臂，就是因为他们不敢冒巨大的风险创业。风险与收获常常是结伴而行的。风险越大，获利的机会也就越大。

很多年以前，奥斯威辛集中营里面有一对犹太父子。这个父亲对自己的儿子说："目前看上去，我们所拥有的唯一财富就是我们的智慧了！"凭借父子二人的智慧，两人终于在纳粹的残暴统治之下死里逃生。

1946年，这对犹太父子来到了美国，在休斯敦经营铜器生意。有一天，父亲问儿子："一磅铜的价钱是多少？"儿子回答说是35美分。父亲说道："对，在得克萨斯州所有人都知道每磅铜的价钱是35美分，但你作为犹太人的儿子，应该说成是3.5美元。不信的话，你把这一磅铜做成门把手试试看就知道了。"

20年后，父亲去世了，由儿子单独经营这家铜器店。他做过铜鼓，也做过瑞士钟表上面的弹簧片，甚至还做过奥运会的奖牌……这时的他已经成了麦考尔公司的董事长，有了不菲的收入。但是，真正使其声名远扬的，是纽约州的一堆垃圾。

1974年，美国政府为了清理维修自由女神像所堆积起来的废料，向社会广泛招标。但是好几个月过去之后，依然没有人应标。这个犹太人此时正在法国远足，在听说这个消息之后，马上飞往纽约。当他看到堆在自由女神像下的这些铅块、螺丝和木头之后，并没有提任何要求，就接下了这项工作。

当时，纽约很多运输公司对他的这一贸然行为都暗暗嘲讽，因为在当时的纽约州，垃圾处理有着非常严格的规定，稍有不慎，就会遭到来自环保组织的投诉。就在那些人打算看这个犹太人的笑话时，这个犹太人接下来的行为却让他们大跌眼镜。

他开始组织工作对这些废物进行系统归类，将废铜融化，铸造成微型的自由女神像；将水泥块和木头加工成了这个雕像的底座；又将废铅、废铝制作成象征纽约广场的钥匙；他甚至将从自由女神像身上清扫下来的灰都包装了起来，出售给了花店。

就这样，在不到三个月的时间里，这个犹太人变废为宝，把这堆建筑垃圾变成了350万美元，每一磅铜的价钱整整翻了一万倍之多！

“风险越大，机会越大”，这句话依然需要我们理性地去分析里面的含义。风险的大小，并不是我们选择冒险的唯一条件，而是相反，在面对不同程度的风险时，我们能否具备充足的把握应对、承担最大的风险，才是我们需要思考的重点。而这一点，便是我们经常听到的风险承受能力。

评估风险可承受能力的极限是我们在某一件事情中可以获得最大化收益的基础。尽管风险越大，商机当然也就越大，但是如果没有一种理性态度去对自身的风险承受力进行判断，一味地追求高风险的事业，那么也不会拥有更大的收益。

1835年，犹太人约瑟夫投资一家小型保险公司。可是就在他投资后不久，纽约发生了一起特大火灾。这次火灾让很多保险公司手忙脚乱，都觉得这次会损失很多钱财，所以他们开始纷纷低价转让自己所持有的股份。面对这种情形，约瑟夫没有随波逐流，而是剑走偏锋，买下了这家公司全部股东的股份。

很多人觉得，对约瑟夫来说这真是一场豪赌。因为这里面的风险系数实在是太高了，稍有不慎，约瑟夫就有可能赔个倾家荡产。但令人想不到的是，就在这家小型保险公司完成所有的理赔后，公司的信誉突然变高了许多。

就算约瑟夫把保险金提高了一倍，但依旧有源源不断的新客户信任他，选择在他这投保。由此，约瑟夫发了大财。

不管是在生活中还是工作中，我们首先要做到的就是要通过理性分析与判断，先对自己做一个全面的考核，相信自己有机会有条件去获得成功。只有在相信自己的基础上，我们才能义无反顾地让自己去追、去创造、去冒险，为自己的人生找寻一条出路。

犹太人密娜达在一家公司上班，没想到没过多长时间，她就面临裁员的危机。当时，公司的决定是同时裁掉她和艾丽。而且按照公司的规定，一个月之后她们就必须离岗。接到通知的她俩，当时眼睛就红了。

第二天上班之后，艾丽的情绪就一直非常激动，好似吃了枪药一样。她跟谁都没有什么好语气，看见谁就跟谁哭诉："凭什么把我裁掉？我干得好好的……这种结果对我来说太不公平了！"

面对她声泪俱下的样子，很多人都对她产生同情，不停地安慰她。可是她却并没有任何收敛，依旧不停地向别人诉苦，而本该她去做的本职工作却一件事也没做。

慢慢地，大家都开始躲着她。她原本在办公室内是个非常受欢迎的人，现在大家都开始厌烦她了。

而密娜达却与她完全不同，虽然知道自己被裁员了，但她只在家哭了一个晚上。第二天，她就变得和以往一样正常工作，该做什么就做什么。大家知道她被裁员了，都不好意思吩咐她做事，她便自己主动找到大家揽活去干。甚至在面对大家同情和惋惜的目光时，她依旧笑着说："是福跑不掉，是祸躲不过。反正都这样了，不如干好最后一个月，以后再想干恐怕都没有机会了。"就这样，在这一个月的时间里，她依旧认真地坚守岗位，努力工作，随叫随到。

一个月的时间过去了，艾丽按期离职了，密娜达却没有。她被领导留了下来，后来还获得了升职。

为什么同样的境遇，会出现如此反差呢？这正是由于密娜达具有冒险意识，面对即将被裁员的恶劣现状，她依旧坚持着自己的本职工作，甚至是更好地完成工作。那么，这样做的目的是什么呢？因为密娜达反思了自己的工作能力与工作态度，并对得到裁员通知之后的有限时间进行了合理的安排。在密娜达看来，她能够改变自己命运的转机点有两个：

第一，如果自己坚持岗位到最后一刻，摆脱不了被裁员的命运，那么自己在这期间的所作所为，必将为自己未来的工作起到积极正面的影响——因为这是对自己提升承受风险能力的一次勇敢试练；

第二，自己能够把握住最大的机会，在于她这样坚守工作本分之后公司对她态度的转变，因为所有人都看到了她直到最后一刻都按部就班地努力工作，必然会为自己留下良好的口碑——而这样的口碑，正是打动领导改变心意的重要条件。

密娜达所具备的冒险精神，使自己时刻保持一种临危不乱的冷静状态。她利用自己最大的抗风险能力，为自己实现了她所期待的最大收益。扛得住风险，就能抓住命运的机遇；相反，如果连一丁点风险都不愿意承担，又怎么可能获得幸运女神的垂青呢？

风险与机遇本身就是一对孪生兄弟，他们会呈现出“此消彼长”的态势。商机的把握必然要承担一定的风险，而成功进行投资的前提就是对市场的整体风险程度需要有基本的认识。除此之外，就需要你大胆行动了。

茨威格曾在《昨日的世界》里这样说道：“发家致富对犹太人来说只是一个过渡阶段，是达到真正目的的一种手段，而根本不是他的本质目标。一个犹太人的真正愿望，他的潜在理想，是提升自己的精神文明层次，使自己进入更高的文化层次。”

所以，追求收益的最大化，其实并不是多数犹太人所期待的最高理想。我们甚至可以这样来总结他们的内在需求：风险越大，机会越大，那么承担风险的能力也就越大，就能在这千变万化的世界里更好地生存下去。通过这样的追求，犹太民族推动着自身走进丰富而又充实的精神世界中。

心灵寄语

别丢掉在积极状态之下的野心和欲望，因为它们可以使一个人的力量发挥到极致，并可以使人们抛却所有顾虑，排除所有障碍。它们能使人全速前进，达到胜利的彼岸。

胆量和厚脸皮是对孪生兄弟

我们时常为那些在第二次世界大战中犹太人的悲惨境遇而伤感，以为他们无力反抗、任人宰割。其实，我们并没有认真去探索那些湮没在时间长河中的史实——犹太人的胆量和勇气，曾经是他们坚强度过这一场浩劫的有力武器。

1939年9月29日，德军攻打并占领了波兰首都华沙。当时，华沙约有40万犹太人，占全华沙市人口的1/3。1940年10月2日，德国当局在华沙的部分地区设立了所谓的“犹太隔都”，将在华沙的所有犹太人以及外省的犹太难民监禁起来。到了1940年7月，这个只有2.71平方公里的隔都，挤下了40万~50万犹太人。每个房间住着13人，还有大量的人员流落街头。隔都的周围砌着难以逾越的高墙，与外界几乎隔绝。

尽管隔都充满着饥饿与疾病，但犹太人的精神世界并不是那么容易被摧毁的。除了一些民主人士和慈善机构在积极地展开民生改善的活动之外，一些抵抗德国当局的犹太政治地下组织，也在隔都之内生根发芽。其中，最为积极的有犹太复国主义党——锡安工人党和一些犹太复国主义青年组织，另外还有由共产党领导的组织——斯巴达克。

1942年7月起，纳粹分子开始解散犹太区，将隔都中的近30万犹太人运往特雷布林卡的死亡集中营。当从集中营逃回来的地下组织成员向其领导汇报，犹太人在特雷布林卡的惨状之后，几乎所有地下组织的军事力量都联合起来，形成了犹太战斗组织。地下军事工厂开始制造手榴弹和炸弹，并想尽方法弄到了虽然有限但依然珍贵的武器。

1943年1月18日，德国纳粹部队开始组织第二次运用犹太人去往死亡集中营的行动。虽然拥有的武器非常简陋，也缺乏专业的军事训练，但这些犹太地下组织仍然公开用武力反抗德军的暴行。巷战持续了四天之久，约有1600人在隔都之中被打死。

1943年4月19日，德军在坦克与大炮的掩护之下向隔都发起进攻，企图一举消灭在隔都中的犹太武装力量。没想到的是，不仅仅是这些地下组织，包括普通的犹太民众也纷纷起义，加入了对德的斗争之中。德军在隔都中遭受到了重创，恼羞成怒的他们将隔都的房屋付之一炬，大量的犹太人惨遭杀害。这些英勇的犹太起义者们，坚持在废墟之中抵抗了几个月之后，随后被德军抓获而牺牲。

到了1945年1月17日苏军攻占华沙时，那些躲藏在地下掩体和废墟中存活下来的犹太人，只剩下了200人。其他的犹太人民，不是在为自己民族求得自由和解放的斗争中牺牲，就是在与其他民族共同斗争的波兰解放斗争中献出了自己的生命！

胆量有些时候来自人的求生心理，但更多来自对风险本身的掌控能力。很多犹太人也许从来没有经历过危及性命的磨难，但是他们在面对其他困境时，会从先辈经验和人生智慧中找到自己可以吸收的能量。大概是这样的胆气能量已经形成了犹太民族的隐性基因，可以随时随地爆发出强大的生命力。

在以色列，如果一家工厂的工人发现工序的某个环节有问题，他会直接去找老板沟通，根本不用按传统商业规则一层层上报。这种敢于直言不讳的行为来自自信，更来自犹太社会对胆识的正确理解，从而形成了人人以“胆识”自诩的良好社会风气。《耶路撒冷邮报》的专栏作家辛格认为，犹太人有一种“chutzpah”的性格，这个希伯来语的意思是“胆量”“厚脸皮”“放肆无礼”“魄力”。连犹太人自己都自嘲说，自己是一个不懂得什么叫“Excuse me”的民族。

顾客：您好，95#汽油，请加满。

加油工：请问您是否需要查一下机油和水箱？（态度诚恳）

顾客：不用的，谢谢您。

加油工：6瓶一箱的矿泉水，两箱特价仅需20块，请问您要吗？（态度非常诚恳）

顾客：不要，谢谢。

加油工：那玻璃水您需要吗？（态度更加地诚恳）

顾客：我并不需要。

加油工：好吧，那么露营帐篷要吗？（继续诚恳地询问）

顾客：得了，麻烦您赶紧加油吧。（不耐烦的口气）

加油工：好吧，那么您需要卡拉OK机吗？（平静地诚恳）

顾客：我并不要！

加油工：那么，卡通图案的游泳浮袋。（坚毅地诚恳）

顾客：不要！我可以交钱了吗？

加油工：嘿，你听着，“拒绝一切，你将会付出昂贵的代价”。（严肃地诚恳）

顾客：好吧，请您把游泳浮袋给我吧。（无奈地妥协）

加油工：祝您一路平安。和平是唯一的出路。（拍拍对方肩膀）

在我们看到这样的对话时，很自然地想象到这个加油工有些“不知好歹”，真是一个“厚脸皮”的加油工——他怎么能够在顾客表明自己拒绝购买的态度之后，依然坚持不懈地推销自己的产品呢？

事实上，这个加油工是由以色列前总统佩雷斯扮演的，这是他在卸任之后拍摄的一部名为《总统找工作》的搞笑视频中的片段。这个片段，大概是佩雷斯对犹太民族那种死缠烂打做生意的方式最为形象的表演。

确实，犹太人经商和行事方面很突出的特点便是厚脸皮，其实这点与胆识有着密不可分的关系。尽管这种厚脸皮有些时候会让人觉得讨厌，但是在很多时候，这确实是一个非常有效的沟通方式。或许我们国人已经习惯含蓄隐晦地表达自己的态度，但是在犹太人看来，这样做并不是一件值得称赞的好品德。含蓄隐晦的表达，是不敢正面向错误提出明确抗议的。照顾了别人的面子，却输了自己。最终，这种人将失去争取自己权益的大好机遇，然后陷入安于现状的生活困境之中。这是犹太人最为看不起的生活态度。

面对超出能力之上的指标或难题时，犹太人认为首先要做的就是自信，绝对不能说“我不行”。他们一直都在不停地提高自己的胆量，为此他们甚至会长年地进行学习和锻炼。

胆识是任何一个想要成就一番事业的最主要条件，同时也是任何一个想要战胜生活挑战的人不可缺少的东西。有胆识的人不会害怕社会上的一切恶，不会害怕生活上的一切困难。只有这样，才有可能达成目标、搞定难题。想常人之不敢想，做常人之不敢做，你才能收获一份与众不同的喜悦。

而从另一个角度来看，厚脸皮也不是教唆人们去做那些有违伦理道德的事情，不去考虑对方的合理需求与感受。而是需要放下自己所谓的自尊，勇敢地对困境说不，对一切恶俗的事情大声地说出自己的正确见解。

犹太人认为，一个人要想让自己的人生充满精彩，就要勇敢地去开辟属于自己的生活。成功不是先有钱，先有人力资源，而是先有雄心和胆量。有了足够的雄心和胆量，思维才能畅通无阻，才能开辟出一条与众不同的成功之路。

心灵寄语

雄心与胆识的凝聚是一种现代思维，是一种非凡的气度，是一种雄心与气魄，是一种执着和勇气，是一种浑然天成的做人风格。它更是一种智慧，容天下难容之人，忍常人难忍之事，成世间难成之业。

第六章

时间是公平的

犹太商界有一句著名的格言——“勿盗窃时间”。在犹太文化中，时间就是生活，是生命，更是金钱！

时间对所有人都是公平的，它是这个世界上最不会嫌贫爱富的东西了。那么，如此珍惜时间的犹太人，又将拥有怎样的成效呢？事实上，我们在很多犹太人的成功经验中，都发现了一种“快鱼”思维。这是一种出其不意的先发制人，更是一种冒险精神指引之下的超前决策。

探索，找出事物发展的规律

超前思维是犹太人思维中一个非常重要的思考原则。一个非常重视时间概念的民族在提高自身发展效率的同时，更愿意抢在他人之前做一些开天辟地的事情。超前思维就是在他人没有做事之前的提前行动，能够想别人所未想之事，做别人未做之事，成别人未成之事。

超前思维的核心，就是“超前”二字，强调自身对时间的掌控与前瞻能力。从“人无我有”“人有我新”的角度来看，超前思维就是在现实的理性认知基础上，对未来发展的思考与探索。

很多时候，犹太人的超前思维会表现在对科学的探索上面，因为他们总是期待赶在别人的前面将某一个谜题破解开来。我们会发现，犹太科学家中很多人都会有这种古灵精怪的意识和旺盛的求知欲望，他们并没有指望着通过科研能使自己名利双收，而仅仅是对问题本身感到好奇而已，对自己能够提前知晓答案而感到无比骄傲。而这其中的翘楚，便是大名鼎鼎的物理学家理查德·费曼。

理查德·费曼生于1918年5月11日，他的父母都是到美国谋生的犹太移民。在他还没出生的时候，费曼的父亲就预言道，这个孩子如果是一个男孩子，那么一定是一名科学家。费曼出生后，他的父亲从小就对他进行严格的教育，加上他的天资聪颖，很快就具备了一个科学家应有的品质。

参加“曼哈顿计划”时，费曼才不到30岁，却在这个项目中有突出的表现。奥本海默甚至对他大加称赞，夸他“是原子弹团队中最为聪明的年轻物理学家”。费曼在前爆炸方面的理论也颇有建树，他算出了一堆铀过早爆炸的概率问题，用来防范此类现象的发生。

费曼说，自己研究物理并不是为了荣誉，更不是为了奖章或是奖金，他就是觉得物理研究是一件好玩的事情，更是一种纯粹的发现乐趣——他想要搞清楚自然到底是怎样运作的，为什么它会如此这般精确。

有些时候费曼并不愿意去信仰犹太教中的上帝，他心中的上帝形象更接近于斯宾诺莎哲学世界中的上帝。他认为，大家学习的目的是融入社会中，需要为这个现实的世界做些贡献；他反对永远在那些“古老、狭窄和从中古时期遗留下来的问题”中纠缠一生的探索状态，总是在思考，“在面对新现象时，或是碰到其他新问题时，我们应该怎么办呢”？

主动去探索未知领域，并不是犹太人特有的思考方式，这是一个将科研当成个人使命的科学家的必备修养。但是犹太人将这样的探索发挥得非常出色，不得不承认，这里面也多少带有一点对预言性设想进行确认的古老情结。正是这种对事物的预想，为他们的科研提供了动力支持，推动了科学的进步。

诺查丹玛斯于1503年出生在法国的普罗旺斯，他的家庭是一户非常平凡的平民家庭。诺查丹玛斯从小就具备非凡的才能，以至于在他很小的时候就受到了很多人的关注。他精通拉丁语、希腊语、希伯来语，对数学、占星术等有着很深的修养。1522年，他开始接触进步的医学专业，并于3年之后顺利获得了学士学位。

16世纪，很多流行病——特别是炭疽病等传染病的不断传播，让人们天天活在惊恐不安之中。诺查丹玛斯身为一名医生，在面对疾病时充满了努力斗争的勇气，对病患也富有爱心。很快，他便成为所在地知名度非常高的好医生。

1554年，诺查丹玛斯在马赛定居下来。同年11月，普罗旺斯地区发生了有史以来规模最大的洪水。诺查丹玛斯凭借着自身具备的当时较为先进的流行病传播知识，判断疫情还将继续扩散，便告诫当地百姓不要使用被污染过的水，并且向人们宣传不要在污浊的空气与环境中生活等知识。

由于诺查丹玛斯事先掌握了疫情传播的途径和对抗方法，在当时文化素养普遍较低的民众中间，他就像预言家一般地存在。在诺查丹玛斯的帮助和努力下，疫情终于得到了控制。当地的居民非常感激他为百姓所做的一切，纷纷贡献出最珍贵的礼物，表达了自己对诺查丹玛斯的谢意。

尽管在此次疫情之后，诺查丹玛斯慢慢将他的主要精力放在研究占卜与著书论说上，但是我们仍然可以从一些他的预言中发现这样一个规律：他的所有预言，多数是建立在对某件事情的因素分析与形势推断之上，有着很强的逻辑关联性。

世界上，所有事物都处于不断地变化与发展中，所以我们在认识、分析与解决事情的时候，也需要用发展的眼光看问题。事物有着很多周期性的规律。对其未来动向的预测，我们更要认识并掌握其周期性规律才可以获得真知灼见。

在社会学中，事物的周期性发展也有着两大显著特点。

首先，前进性与曲折性的辩证统一。事物运动发展的周期表明，事物在发展中的趋势是从低级到高级、从简单到复杂的上升过程，是一个不可逆转的趋势；而事物发展的途径又不是直线式前行的，而是曲折的。

其次，事物周期规律的开放性。对一个确定的事物发展周期来说，其起点和终点是客观的而不是任意的。但是，从事物发展的全过程来看，每一个周期的终点，同时都会是下一个周期的起点。

犹太人从事物的周期规律性中找到了探索未知世界的诀窍，如果说这个窍门其实人人皆可掌握，那么只能说犹太人是这门功课里的好学生。

尽管马克思自己对犹太教持有否定与批判的态度，但是他从血统上来说，依旧是纯正的犹太人。反对犹太教，并不意味着马克思从一个犹太人变成了一个“反犹主义者”。相反，他在《论犹太人问题》一文中有着自己的看法。他认为犹太教是“人类自我异化”的一种表现形式，而犹太人只是这种形式的牺牲品——正是犹太教使犹太人变成了一种经济动物。他指出:“犹太人的社会解放就是社会从犹太教中获得解放。”

很早以前就有人分析了劳动所产生的价值，特别在资产阶级兴起之后，产生了无数政治经济学的派系。但是不得不说，马克思的剩余价值论能够成为马克思政治经济学的最重要理论，和其本身从事物周期规律性认知经济规律并进行分析，有着必然的联系。

剩余价值是在资本主义生产过程中产生出来的。资本主义的生产过程有两重性，一方面是物质资料的生产过程，即劳动过程；而另一方面便是剩余价值的生产过程，即价值的增值过程。马克思通过分析剩余价值的生产、积累、流通以及分配，深刻地揭示了剩余价值的发展规律与作用，并指出剩余价值的产生具有周期性的规律。

犹太人会充分利用事物的发展规律去进行分析与预测，是因为他们深知人类社会的发展总趋势一定是向前的，是有规则可循的。不管是对自然科学的探索，还是对社会科学的探索，秉承着事物发展的规律性，犹太人做得是那么出色。

只有对事物发展规律的探索，才是超前思维可以得到充分利用的基础。

心灵寄语

探索是人们不断认识自己并超越自己的阶梯，是不断对一个谜题进行解读与分析的开始。我们秉承着中庸之道去面对现实的生活，却必须有探索精神去面对未知的挑战。凡事皆有规律，掌握了规律，谜题便成为事物的一种表象。唯有建立在事物的规律基础之上的理性分析，才能够做到真正的超前。

竞争，走在时代的前列

可想而知，如果这个世界的人们都以一种“与世无争”的心态去生活、去工作，那么人性将变得多么慵懒，时代会进展得多么缓慢。速度从来不是一个抽象的名词，其本身是由距离与时间推断出来的。那么时间的长短，则成就了人的思考与行动的快慢。赢在了时间上，自然也就与别人拉开了差距。

犹太人是一个懂得竞争的民族，从来不会在隐忍中默然地安守在一个点上，迟疑不前。他们会在每一分钟所带来的效益上面斤斤计较。不管是在生活中还是商业里，都可以看到在时间的推动下，犹太人那无法停歇的匆匆身影。

被称为“有史以来最成功的国际金融家”的犹太人索罗斯，在1999年的时候，其财产估计就已达40亿美元之多。虽然他被世人指责为投机客，但这并没有影响到他自身财富的不断扩张。

索罗斯在商业上会如此成功，离不开他所拥有的超前的思维和意识。《塔木德》中说过：“世间的事非常奇怪，越是人们认为不可能的事，做起来越得心应手。”当所有人都不看好索罗斯时，他依旧坚持自己的想法。在1992年，索罗斯开始炒作英镑；到了1997年，他已经开始炒作亚洲国家的货币。索罗斯不断地利用自己的超前思维，推动着自己成为金融领域的先行者。

很多时候，越是人们认为不可能的事，而你能够利用自己的超前思维将其做好，那么你就能让自己走上成功之路。

为什么那些拥有超前意识和思维的人，能够成为事业上的先驱者呢？道理很简单，因为大多数人都觉得不可能的事情，大家就都不会去关注，也不会去争取。这样一来，没有竞争对手的道路上，第一个去做的人正好可以在没有竞争者干扰的状态下独自闯荡，成功当然易如反掌。

竞争是普遍现象，无可逃避，一个人不可能脱离参加社会竞争而独立存在。在挑战面前，除了要保持良好的竞争状态外，更要注重培养自己的超前意识。拥有超前思维指导自己的行动，能够在知识与智慧上迅速成长，处理问题会变得更加成熟，自身实力会变得更加强大，这样战胜对手的胜算也就更大。

哥伦布是犹太人的后裔，虽然这一论断的客观依据不算是特别充分，但我们可以肯定的是他确实拥有犹太人的血统。那么，哥伦布在探险方面利用超前思维进行了怎样的竞争策略呢？

早在公元五六世纪，古希腊的哲学家毕达哥拉斯就提出“地球是球形的”这一概念。到了哥伦布所在的16世纪，这一理论已经被广泛接受，其本人也对此深信不疑。后来，他带领着西班牙船队向西航行，发现了美洲新大陆，赢得了西班牙王室的尊重。

在哥伦布成功返回西班牙的时候，女王在王宫里举行了盛大的宴会庆功。很多达官贵人纷纷前往宴会，向哥伦布表示祝贺。

在宴会上，有一些人出于嫉妒哥伦布的成功壮举，在那里冷言冷语地说着：“这有什么了不起呢，大陆本来就在那里，不过被你先碰到罢了！”

哥伦布听到了这些人的讽刺之后，只是淡然地笑了笑。他当众拿起一个鸡蛋，让人们将它竖在桌子上。很多人拿着鸡蛋左放右摆，还是无计可施。

哥伦布将鸡蛋朝桌子上一磕，鸡蛋的底部就碰碎了。然后，他便顺利地将这个鸡蛋竖了起来。有人说道：“用你这样的方法，谁都能把鸡蛋竖立起来，这是最简单不过的事情了。”哥伦布回答道：“许多事情看起来其实很简单，问题的关键就在于有些人提前发现了解决的办法，想到了出路。提前想到就是一件了不起的事情——有些人或许也能想到，但是他们晚了一步。能不能获得荣耀，其实就差这么一点儿时间罢了！”

没错，美洲大陆就在那里，早发现还是晚发现，它都不会消失。但是哥伦布抢在了所有人的前面，成功地赢在了时间上面。“地球是球形的”这个概念并不是一个新的理念，但是证实它却需要有人先去做到。

犹太的那些伟人就是这么看重对信息的价值，而且能够做到充分利用它实现自己的远大抱负。事实上，一个人经商能否取得成功，至少有80％是与出击速度相关的——因为只有这样做，才可以快人一步，抢占先机。

谁都知道“雅诗·兰黛”这个牌子的化妆品，但是很少有人知道创始人雅诗·兰黛的故事。身为一个犹太女性，她白手起家，最终缔造了一个著名的化妆品帝国。不得不说，她也是赢在了所在时代的前面。

一直以来，香水都是少数贵族才有资格享受的极为奢侈的用品，普通女性根本连想都不敢想，更不要说拥有一瓶属于自己的香水。直到20世纪50年代，美国社会仍然有着“不要自己去买香水，只有情人、丈夫送的香水才显得无比珍贵”的价值理念。但是，雅诗·兰黛女士则看到了更加广阔的潜在市场。她由此生成了一个想法，希望有一天香水能够超越阶级，真正凸显它的美好价值。

兰黛女士在1953年成功地推出了一款平价香水，称其为Youth Dew（沐浴后的护理油）。更为重要的是，兰黛将这一产品定位为当今女性的日用品推向市场。她向人们传递了这样一种理念：香水其实没有必要只有在节假日的时候购买，更不是什么特别珍贵的礼物——香水就像美丽的时装一样，是可以随时更换的。

现在我们从现实去看待这个理念，雅诗·兰黛无疑是做出了超前的预测。如果说这样的预判来自其独特的经营策略，那么对未来商品的价位定性，雅诗·兰黛确实有着极强的超前思维，从而赢得了成功。毕竟，她的香水一经面世，打破法国香水的垄断性地位，让香水“飞入”了“寻常百姓家”。

从整体上看，超越时代是进行一种提前预测，是根据社会中一些现象的未来情况，作为认识对象并进行分析的一种预测活动。人类社会本身就是以人为主，无法离开人的活动。所以，人们对社会中的某一事物进行分析预测，本身就是在掌握行为活动的性质与规律之后，才能够进行的判断行为。

也正因如此，犹太文明才能走在时代的前列。世界很大，人生很长，每个人的人生之路都不一样，成功之路更是如此。犹太人认为一个人如果一味地跟随着别人的脚步奔跑，成功的概率就会大打折扣。而如果能够掌握敏锐信息，走出属于自己的路，成功来得就会相对容易一些。

罗曼·罗兰曾说：“每个人都有他隐藏的精华，和别人的精华不同，它使人具有自己的气味。”而这种独特的气味，如果你不加以修炼，一味地模仿他人，就会很容易地失去它，让成功从你的全世界路过。

想要在这个世界上留下自己的印记，需要你始终走在时代的前列，才能在这个世界上留下独属于你的一份成就。就让我们踏着自己独特的节奏，用坚持自我谱写人生的新乐章吧！

心灵寄语

每个人都有自己的路要走。别人走过的，终究不是你的路，那只是步别人的后尘。很多时候，当我们选择自己的路，并走在时代的前列时，我们已经成为独一无二的自己了。

投机行为，并没有那么恶劣

犹太人的传统观念是，机遇并不同情弱者，需要用智慧去创造属于自己的机会与财富；机遇是需要果断决策才能抓住的，投机意识并不是什么值得批判的事情。

对现代人来说，发一次财能够靠机遇就能实现；但如果想要发一辈子财，依靠的只能是智慧与奋斗。思路决定出路，尤其是我们现在所处的这个日新月异的信息时代，更需要我们拥有这样的观念。很多时候，你所拥有的一个好的想法往往能让你占有先机，从而获得大量的财富。

有一对犹太夫妇，他们有一个非常可爱的三个月大的孩子。在给孩子喂奶时，他们发现了一个问题：对八个月以下的孩子来说，市面上所销售的奶瓶似乎非常不好用，奶瓶都太大了。孩子们自己拿不住，也喝不到奶。于是，孩子的妈妈把自己对这个问题的抱怨讲给了自己的父亲听。她的父亲是当地一家工厂中负责焊接产品的质检员。听了女儿的抱怨，他随口说了句："那就在奶瓶的两边焊上把手，这样孩子不就能抓着喝奶了？"

说者无意，听者有心。孩子的妈妈觉得父亲的这个主意不错。在回家和丈夫商量后，夫妻二人决定生产这样的奶瓶售卖。一段时间后，他们又将圆柱形的奶瓶改制成圆圈拉长后中间空心的奶瓶再次投放市场。这种奶瓶一经上市，就很快销售一空。短短一年的时间，他们收入150万美元之多。

这无疑证明了那句话，谁占有先机，谁就拥有财富。对奶瓶的问题，其实当时很多新生儿的父母都会发现这个问题，但很多人只是在抱怨之后，依旧使用着不合适的奶瓶，希望孩子快点长大，就不用再操心喝奶的问题了。只有这对犹太夫妇听到父亲的一句无心的话，萌生出解决这一问题的创意想法，并积极地将这一想法变成现实，自然会收获成功。

机会主义也就是"投机主义"，就是为了达成自己的目标，可以运用一切力所能及的方法。其突出的表现就是不依据规则办事，并将规则看成一种落后禁锢的理论。机会主义者擅长用结果去衡量世间的一切，并不过多地重视过程。当然，投机行为需要用一定的道德标准进行约束。我们承认机会主义存在正义与非正义之分，但是在经济领域，投机行为并不是人人唾弃的举动，相反会被绝大多数商人所利用。投机主义的合理运用，不但不会触及法律底线，还能为金融人士带来丰厚的收益。

哈佛商学院的维贾伊·戈文达拉扬在他的经济学理论中创造了一个词语——“计划性机会主义”（Planned Opportunism）。在这一理论中，他认为“机会主义”首先让人意识到未来发展的不可预测性（受到非线性变化和偶发事件的影响），而“计划性”则是领导应对未来变数的方式。这就要求领导者细致观察新趋势的一些微弱信号，如社会、消费者需求、经济环境、政策监管，甚至是国际政局等重大改变的早期迹象，进而得到全新的预测视角与非线性的思维，有利于对未来发展的诸多可能进行设想，并做出应对计划。

我们每天过的日子都是现场直播，从没有任何机会彩排。想要拥有不一样的人生，需要我们不断地找寻机会，在别人还没反应过来前抓住这个机会，为自己赢取成功。

美国经济萧条时期，很多超市的生意都非常不好。在一家超市中，犹太人杰克担任收银员的工作。虽然市场不景气，但他依旧非常珍惜自己的工作。然而，他认为当前不景气的社会经济局势对自己的工作是一种威胁，因为如果超市效益不好的话，超市管理层必然会为节省超市成本而降低员工待遇，甚至考虑减员。

于是，杰克为了让顾客经常来自己的超市购买东西，便利用转变消费者在不良经济状态下的颓唐心情为契机，想出一个能够为自己的顾客带来欢乐的办法：他每天都将自己在生活与工作中的感悟记下来，并打印成一些“温馨提示”的小纸条，在上面签上自己的名字，然后放到每一位结账消费者的购物袋里面。

时间久了，他所做的事情为他打响了一定的知名度。因为市场不景气来巡店的老板发现，杰克的收银柜台前面排了很长一串人。知道了事情的来龙去脉之后，老板肯定了他“每日一思”的做法。杰克的这种优质而又富有个性化的服务理念，被老板推行到了公司旗下的所有超市中，于是这家公司的生意越来越好。

正是由于杰克看到了经济环境不好与自身岗位能否保住密切相关的超前意识，才使得他提升自己的服务质量。这样做不但使公司重视了自己的创意和才能，还能使公司获得更多的财富。同样，在战争中，以色列也将“投机主义”策略玩得非常厉害。有评论家认为，以色列多数政客为机会主义者，这一特色在五次中东战争中体现得尤为显著。

1956年10月，当时的以色列军队的主要目标就是夺取埃及军队的核心要塞——米特拉山口。只要攻下了米特拉山口，西奈半岛就唾手可得了。对这一点，埃及驻西奈半岛守军将领心里也十分清楚。他们明白，一旦米特拉山口失守，自己这一方就彻底败了。所以，为了防止敌人偷袭，他们除了派重兵镇守山口外，还在旁侧地带驻军以便策应。

做完这些安排之后，埃及将领们认为这就万无一失了。但令他们没有想到的是，不久后的一天，在米特拉山口的埃军阵地上空突然出现了4架以色列野马式战斗机。正当大家纷纷躲进掩体，准备射击时，没想到那几架战机竟然只是轰鸣着一会儿掠地俯冲，一会儿又直上云霄，然后便径直飞走了。埃及守军们被这一奇怪的状况搞得一头雾水，不知道现在是什么形势。

这时，突然有一个人提醒道：“快通告上司这里的情况。”于是，大家又开始急急忙忙地打电话，可是他们却发现所有的电话都无法接通了。

这个时候，埃及守军才意识到原来刚才那几架战机如此奇怪地飞行，就是为了割断他们的电话线。现在可怎么办呢？埃及守军们顿时陷入一团混乱中。正在他们极度惶恐的时候，以色列开始发动了势不可当的进攻。以色列军队正是靠着这种投机取巧的方式，赢得了这场战役的胜利。

准确来说，犹太人的机会主义特征是在长时间的历史之中养成的，这虽然不算一个民族的劣根性，但对其他追求规则与自律的民族文化来说，犹太人的这一思维确实是一种不能被我们接受的“恶习”。

但是，事物还是需要从正反两面进行分析——如果我们愿意从理性的角度去认识这种机会主义，就会发现犹太人确实在这样的思维导向中为自己争取到了大量的实际利益。在重实效的今天，投机行为也成为一种超前思维的体现。

心灵寄语

机会不是等待来的。在今天竞争这样激烈的社会，谁想要获得财富，就要先比别人占有先机。开始的先机你看不懂，白白地错过了；等到大家都赚到钱了，你才看出怎样做可以赚钱，可是这时已经不再是进入这个行业的最佳时机了。

“快人一步”总是没有错的

在中国的弈棋之道里，讲究“宁失一子，莫失一先”。也就是说，想要在一场对弈之中取胜，抢占先机是赢棋的关键。所谓的后发制人，也要站在充足的准备之上提前预测好对方将走哪着，才能等到对方露出意想不到的马脚来。下棋的一切胜败，简单地说，就在于一个“谁先谁后”上面，“先下手为强，后下手遭殃”，这一直都是一条生存铁律。

其实，这个道理同样适用于商场上。商场如战场，如果我们抛去其他因素，只是单纯地从时效性思考，会发现很多商业技术归结起来就是谁抢占了市场先机的问题。

我们都知道华纳兄弟娱乐公司，但是我们很少注意到这家公司老板身上的犹太血统。血统论或许在本书显得过于重要，但其实也是他们能做到如此优秀的原因之一。那么在百年的公司历史中，华纳兄弟又是怎样实现“快人一步”的呢?

在很早的时候，华纳四兄弟便跟随着父亲从波兰移民到了美国。这四兄弟从小就非常热爱电影，年轻的时候就立下了将电影作为他们终身事业的梦想。但是，华纳兄弟知道，从事电影事业并不是一件容易的事情。其中的必经之路，便是抢在别人的前面快速占领市场。

1903年，华纳兄弟注意到，一些煤矿地区的人们确实有钱，但是他们日常的娱乐生活却非常贫乏。于是，他们抓住了这一非常好的创业机会，决定将电影放映引进矿区。华纳兄弟买下了一台放映机，在宾夕法尼亚州和俄亥俄州的一些以煤矿为主业的城镇放映露天电影，很快就赚到了第一桶金。

华纳兄弟取得了成功，让其他生意人也注意到了这一商机。于是，越来越多的人纷纷加入这一行业，与华纳兄弟进行竞争。但是华纳兄弟却提前注意到了另外一个现象，当时人们由于在露天场所看电影，导致售票与管理观众都不是很方便。所以，他们便快速地转移自己的经营策略，抢在了其他人的前面建立了第一家五分钱电影院。就这样，当地出现了第一家电影院，使得华纳兄弟的事业获得了进一步提升。凭借着这一有利先机，他们终于在1923年实现了自己儿时的梦想，成立了属于自己的电影公司，专门从事发行电影的事业。

如果华纳兄弟在这次成功之后就放弃了对先机的敏感掌握，那么他们的电影公司必将无法挺过大萧条时期。20世纪30年代，美国由于出现经济危机，导致观影的人数大为下降，华纳公司也由此陷入了生存危机之中。就在此时，美国人对有声歌舞电影已经产生严重的审美疲劳。于是，华纳公司便抓住了这一时机，抢先寻找新型创作题材和电影表达新形式。

华纳公司果断地抛弃了歌舞电影，开始制作具有写实风格的黑帮类型电影。1935年，黑帮电影《铁血船长》获得了空前成功。随后，华纳公司又乘势制作了《小凯萨》《人民公敌》《扮演上帝的男人》等多部电影，均获得了不凡的影票收益。在第二次世界大战中，华纳兄弟又借着美国人民强烈的爱国激情，拍摄了《北非谍影》《约克军曹》等战争题材的电影，也同样获得了丰厚的利润。

我们在华纳兄弟的电影事业成长史中，可以发现这样一种现象：当华纳兄弟先人一步，在如入无人之境的状况下大获成功后，大量社会资本的流动也会跟着他们的脚步不断地涌入，增加了这一领域的竞争压力，最终使得自身的利润也会慢慢缩水。那么怎样预防这种情况的发生呢？这就需要我们通过对市场现实的分析与未来的预期进行调整经营策略，注重“快”这一思维的灵活变通性。在做决策的时候，要时刻提醒自己，既然永远无法精准地预测未来，那么就不要迟疑，勇敢地跟随着时间的脚步向前行进即可。

超前思维最终还需要落实在行动上面，所以“快人一步”不仅仅是思想上的抢先，更是行动中的抢先。如果华纳公司没有做到这一点，那么我们现在的电影观看名单上面，就不会存在像《黑客帝国》三部曲、《超人》《蝙蝠侠》《诸神之战》《盗梦空间》这样大卖的影片了。

而在另一个体现极高时效性的新闻界，则更强调行动与思考的快人一步。新闻具有真实性、时效性、简洁性、可读性与准确性特点。但是读者朋友们可能不知道，在19世纪，对大多数人来说，新闻阅读根本就是一件生活中可有可无的事情。有线电报线路对世界很多地方来说，也还是一件见都没见过的新鲜事物。但是有一个人却认为，新闻将在人们生活中产生巨大的影响力，甚至会影响到未来整个世界的走向。这个人，便是英国籍犹太人——保罗·路透。

1816年，身为犹太人的保罗·路透出生于德国的卡塞尔。他在年轻的时候做过很多职员：银行职员、出版编辑……但他心知肚明，这些行业都不是自己内心所要追求的最终事业。他想要成立一家属于自己的通讯社，并为此不断地努力着。

19世纪40年代左右，欧洲很多国家的发展都突飞猛进，特别是科学技术也有了长足的进步。此时，各国都非常希望通过通信这一渠道了解世界，也想让世界了解自己的国家。路透虽然也跟着很多热血青年投入了这一领域，但是他很快就发现通信的本质，是将世界所发生的消息以最快的速度被自己所掌握。因此，在1850年年初的时候，他在德国成立了第一所信鸽邮局。

1851年，路透在英国伦敦建立了新闻办事处，正式成立路透社，并在伦敦证券交易所上市。当时，英国已经成为全世界的金融中心，更是重要的通信枢纽。路透预测到，如果想要将路透社发展成为世界级的通信中枢，就一定要借助英国的大环境以及它的强大综合实力。于是，路透力排众议，将自己的工作地点长期设定在英国，终于将自己的通信事业根基在英国的本土扎下了根，并以此为起点建立了非常庞大的“新闻帝国”。

从信鸽到火车，再到有线电报，路透一直在和时间赛跑。他对一切能够提升新闻时效性的科技发明非常敏感，甚至到了1863年，美国的船队都能够直接订阅到路透社的新闻。现在，路透社经过几代人的努力，终于成为拥有数万名员工，在200多个国家设有分支机构的通讯社之一。

如果路透没有一颗吸收信息的敏锐头脑，他就不会在时代所赋予的责任感中找到属于自己的一席之地。大多数犹太人对时间是充满着敬意的，而这种敬意的本身则来自对时间能为自己带来财富的功利认知。

抓住机遇，头脑想到哪里，行动就一定要出现在哪里，这便是大多数成功犹太人的经营秘籍。没有经验、不去做充足准备的人是永远不能成功地在机遇中脱颖而出的，因为就算是他们想到了，他们那缓慢的起跑速度，也不会为他们带来想要的回报！

心灵寄语

人生有许多机会是要靠自己去争取的。如果你有能力，就应该自告奋勇地去争取那种许多人无法胜任的任务。于是，你的毛遂自荐显示出你存在的意义！抓住机遇，就要准备马上开始你的行动，那么将会大大增加你成功的概率。

第七章

创造，发出不一样的光彩

当前，我们对“创新”两个字非常熟悉。这两个汉字的背后，是财富向我们招手。创造性思维，显然成了21世纪的我们最为重视的一种能力。客观来说，创造性思维是人类智慧不断向前发展的体现。

从广义上来看，所有人类的创造性活动，都可以看作对解决某种问题的尝试。每个人其实都具备创造性思维，会因不同条件的激发而显现出来。我们可以通过自身的努力，发现自己身上潜藏的这种能力，并充分利用这种能力有效解决问题。

模仿，创新的起点

在论及此题的时候，大家可以百度一下，在美国好莱坞的明星及导演中，有多少著名人士具有犹太血统？如果读者对犹太裔演员有相应的了解，我们可以随口说出一堆大家耳熟能详的名字：罗伯特·德尼罗、达斯汀·霍夫曼、迈克尔·道格拉斯、阿德里安·布劳迪、奥兰多·布鲁姆……

我们如果认识这些演员，脑海中自然而然地会浮现出来他们在某一部影片中的精彩演出。他们是演员——他们是生活的模仿者。他们在模仿着伟人、混混、贵族、贫民……他们在用自己的模仿功底创造着属于自己的奇迹。而这其中的佼佼者之一，便是荣获了三届奥斯卡“影帝”称号的犹太籍著名演员——丹尼尔·刘易斯。

1957年4月29日，丹尼尔·刘易斯出生于英国的伦敦，拥有一半犹太人血统。他的父母在他11岁的时候将他送到了肯特郡的一所寄宿制学校，在那里，他找到了自己的兴趣点——戏剧表演。在1971年的时候，年仅13岁的刘易斯便在英国电影《血腥星期天》里扮演了自己的第一个角色。而真正让他名声大震的佳片，是拍摄于1989年，以描述爱尔兰作家克里斯蒂·布朗传记为内容的电影——《我的左脚》。

既然并不是凭空杜撰的人物，刘易斯面对的是一个曾经在世间真实存在的，与命运进行顽强抗争的斗士。对如何进行人物的模仿与重现，刘易斯有自己的诠释哲学：他需要提前几个月进行实地考察，以最快的速度进入状态；对角色所掌握的技能进行快速学习；在拍戏期间的私生活需要彻底进入角色中；对剧组中的其他人，他也需要时刻以影片中的角色姓名相称。

刘易斯在塑造作家形象之前，在疗养院待了8周的时间。他尝试着和小脑瘫痪的病人进行交流，并观察与模仿他们的动作。他通过数周的训练，可以做到让自己的左脚夹起一枚针再放下来。刘易斯用左脚画出来的作品，几乎与布朗画的一样出色。不管是在拍摄期间还是休息时间，刘易斯都坚持让大家将他当成布朗。就算是吃饭的时候，他也一定要别人喂他吃。在坐轮椅进行表演的时候，就算是摔坏了两根肋骨，他也坚持自己的做法。就这样，刘易斯将自己活成了一个真实的布朗，更为自己赢得了人生中的第一座奥斯卡奖杯。

丹尼尔·刘易斯在模仿人物上做到了精益求精，甚至在拍摄完成的几个月内都沉浸在自己的扮演角色之中无法自拔。他成功塑造了偏远山区的村民、纽约黑帮的杀手、万众瞩目的总统、叱咤风云的大亨……在对人物的模仿与演绎中，刘易斯创造了属于自己的独特艺术魅力。

上帝将悲苦种植到犹太人的血液里，同样也为犹太演员带来了不一样的人生体味。当我们需要思考模仿对创新的作用，就要懂得那些犹太演员们尽管是在模仿别人，但仍然需要达到艺术形式上的再塑——而这便是创新的过程。

犹太人的模仿能力不仅仅体现在演技上，更体现在他们的商业思维之中。模仿带来的创造性是无可限量的，正是因为对被模仿者的深入了解，才能够找到其潜在的危机与问题，从而在自己的创业中将那些旁人没有发现的问题解决掉。这样一来，后来者才可能在后期的竞争中，超越对手，获得成功。

很多人认为创新就是发明创造，就是完全创造出一个以往没有的东西。然而，对企业来说，创新不能局限于此，现在很多媒体一直强调自主创新，似乎不仅仅包括技术层面，还包括思想创新、管理创新、体制创新等多个方面。但是，任何创新都离不开对前人经验的借鉴。对前人企业经营模式的模仿，才是进行创新的基础。

有这样一个故事，非常有意思：

在一个犹太人居住区里，有一个百万富翁与一个穷人成了邻居。那个穷人看到富翁家里的生活非常舒服和充实，便生出了一个想法。他对富翁说："我愿意在您家里帮您做三年活，我可以不要一分钱，白给您干。但是我有一个条件，就是您得让我吃饱饭，并让我有地方睡觉。"

这个富翁一听，觉得竟然能有这样天上掉馅饼一般的好事，便答应了穷人的要求。很快，三年的期限到了，穷人就离开了富翁家里，不知所踪。

又过了十年，当年的那个穷人终于再一次出现在富翁的面前，此时的他已经变得非常有钱了。而那个原来的富翁，却显得有些落魄了。那个富翁见到穷人身上发生了这样翻天覆地的变化，便想花十万块钱买下这个穷人致富的经验。

那个曾经的穷人一听富翁的请求，便哈哈大笑说："我过去都是在您那里学到的赚钱经验啊，就是这些经验才让我慢慢变得富裕起来的。您怎么还想要用钱来买我的致富经验呢？"

从这个故事我们可以看出，当我们充分掌握了别人的致富之道后，我们在属于自己的商圈里便可以充分借鉴别人的经验为自己所用。模仿富人的赚钱模式，成为自己可以改变自身命运的前提。

普通人觉得创新就是一种“自主创新”，强调的是各个方面对前人的全面超越。但其实这是不可能的——一个刚满周岁的婴儿，在家人的协助下学会了走步，并慢慢地懂得了怎样和家人进行沟通。但是，这时候家人如果希望这个孩子能像短跑选手那样快速奔跑、一飞冲天，其实是非常不现实的想法，也违背了客观发展规律。而我们有些时候，对“创新”这一理念的误解，也经常会犯诸如此类的错误。

跟进创新，就像是婴儿一年一年地成长，每一点进步对本身来说都是一种创新过程。毕竟对一个初创的企业来说，一切环境都是陌生并不断发生变化的。这种适应性的创新，要求企业跟随市场的变化来快速调整，保证产品的品质就可以了。当企业走出了初创期，进入了成长期时，再寻求第二步的创新。

模仿与创新，其实并不是两个对立的观念。这本来就是你中有我、我中有你的过程。我们需要放弃创新就是完全抛弃模仿这个错误理念。在对别人已经成熟的经验模仿中，学习更多的思路，从而真正找出自己的核心竞争力，在市场中脱颖而出。

心灵寄语

现代美术教育家刘海粟曾教育他的弟子：“首先要学习别人的东西，要学会模仿，然后在模仿的基础上寻找自己的突破口。它说明，只有模仿到家了，才能全面彻底了解模仿对象的特点、优点和缺陷，才有创新突破的可能。”苏联昆虫学家施万维奇利用蝴蝶翅膀花纹的迷惑原理，发明了迷彩伪装技术；我国古代建筑大师鲁班被齿状的丝茅草划破了手指，受到启发后发明了锯子。由此可见，人们总是在寻找“相似点”的模仿中，达到自身的创新与发展。

世上本没有路，你走过的地方就是路

“世上本没路，你走过的地方就是路。”诸多犹太人就是靠着这种创新思维，不断将财富收入自己的囊中。

《塔木德》记载，在犹太文化中有这样一种认识：那些世间的事，越是被认为不可能的事，犹太人做起来就越顺当。为什么犹太人会有这样的理念呢？是因为他们在很长一段时间内都生活在动荡中。为了生存，他们不停地进行着思考总结，为自己的未来做好各种打算。特别是当面对未知的生存境遇时，他们总会提前做好准备，以应对生活中的各种挑战。

能从昨天的历史和今天所处的现实中发现明天的发展趋势，找出与今天的不同之处，这种人是非常英明的。犹太实业家路德维希·蒙德就是这样的优秀人物之一。他在自己建立的企业中，首次打破每天12小时的工作制度，实行每天8小时工作制。由于缩短了工时，又提高了工作效率，公司的经济效益得到了显著提升。

有一位叫作哈同的经历非常传奇的犹太商人，当他1872年从印度到达中国香港时，才21岁。哈同没有一技之长，无法在这个陌生的环境中生存。为了生存，他在1873年辗转来到上海。刚到上海时，哈同仅仅是想在沙逊洋行做一名普通的职员。慢慢地，他凭借着自身的聪明与开拓精神，获得了上司的赏识，逐渐进入这家洋行的管理阶层。

1886年，哈同通过一个偶然的机会，与罗迦陵相识。他们选择一起合伙做生意，因此他们的事业发展变得更加顺利。哈同经过自己对上海市场的了解和认知，认为上海的房地产在以后会有很大的发展空间。于是，他便开始逐步涉及房地产界，开始了自己的事业拓展。随着时间的推移，哈同逐渐成为当时上海房地产界的领军人物。

1931年6月27日，上海发行的《时报》这样载文描述他当时的操盘过程：“哈同以敏捷的手段，一会儿卖，一会儿买，一会儿招租，一会儿出典……先生转移地皮操奇取胜，则其价日涨，至有行无市。”

从当时整体的房地产局势来看，哈同几乎完全控制住了上海房地产的行情。也正由于此，不管当时上海的房地产行情如何风云变幻，依旧有无数的财富源源不断地落入他的腰包。

当然，犹太人能够在世界的各个领域取得成功的原因是非常复杂的，但不可否认的是，很多时候他们的成功也是由于他们具备的创新意识，促使他们发现自己与众不同之处，走出了一条属于自己的道路。

大多数人会在那些具有创新意识的人们占得先机、狠赚一笔之后，才会开始注意到某个行业的盈利高，随后不断蜂拥而至。而在这种时刻，犹太人就会选择渐渐淡出这个行业，再次用他们的创新意识，为自己开辟另外一条赢得丰厚回报的出路。

犹太人很少有人愿意一直走在前人的道路上，他们总是凭借自己的创新意识在社会上独树一帜，甚至有的犹太人更是会在自己所从事的领域内独领风骚很长一段时间。这也是为什么在遭遇种族灭绝政策的打击之后，犹太人依旧能够坚强地挺立在这个世界上的原因之一。

有一名犹太人，当他来到一个小镇上办事时，却发现自己出门着急，没有带钱包。没有钱包，就意味着自己无法吃饭和住宿。没办法，这名犹太人只好在这个小镇上寻找犹太教堂。

可惜这天正好是星期五，是犹太教中的安息日时间。教堂的执事告诉他："来教堂求得食宿的穷人太多了，你可能需要找别的地方解决自己的食宿问题了。"于是，这名犹太人就和执事打听还能去哪里寻求帮助。教堂的执事告诉他，现在这个时间小镇上只有金银店老板家是没住人的，因为他们家从来不会接纳陌生客人。但是，这名犹太人却并不这么理解。他笑着对执事说："他肯定会接受我的请求的。"说完，他就根据执事告诉的路线前往金银店老板家。

当敲开了金银店老板的门后，这个犹太人装出一副非常神秘莫测的样子，从自己的大衣兜里慢慢地取了一个砖头大小的沉甸甸的包。他左右环顾一下周围的情况，才非常小声地说道："请问您一下，砖头大小的黄金可以值多少钱？"

金银店老板本来很烦这个时候敲门的人，但听到这名犹太人如此问询之后，瞬间眼前一亮。但是他的内心是焦躁不安的，因为对犹太人来说，今天是安息日，是不能做任何生意的。但金银店老板真的不想放弃这笔生意，于是他只能留这名犹太人住在自己的家中，等到第二天日落时分再进行商谈。

就这样，这名犹太人不仅没费口舌便解决了自己的食宿问题，并在金银店老板家受到了热情的招待。好不容易等到了周六的日落之后，金银店老板赶紧找这个犹太人商量买卖金子的事情。没想到这个犹太人是这样回答他的："我哪里有什么金子呀，我只不过是想问问您，像一块砖头大小的黄金能够值多少钱。"

这则故事中，我们可以看到犹太人那出人意料的思路：他抓住了金银店老板想要赚钱的渴望心理，使其主动为自己提供解决食宿的地方。他用自己的行动形象地诠释了"世上本无路，你走过的地方就是路"的处世哲学。

教育有一个最重要的目的，就是刺激儿童的创造力与想象力，甚至幻想力的生成。创造力的方法培养可以帮助学生发掘其内在个性。一位富有创造力的人说过这样的观点："在某一个领域的专家很可能在自己的领域中发表大量的系列性文章。但常常是千篇一律的思想合集。每一个结果看起来都与其他结果是类似的，但却失去了清晨的那一道曙光。在创新的空气中，一点点业余精神就可能极大地激发冒险精神的出现，更加接近新的发现。"

一个人只有拥有了创新意识，才能在黑暗中看到黎明的曙光。

心灵寄语

我们的生活需要创新，我们的社会更需要创新。没有创新，就不可能有现在所拥有这般丰富多彩的物质生活。我们正是在这样的创新之中求生活，求发展的。创新之路，需要我们自己去开辟！

巧动心思，借鸡下蛋

“借鸡下蛋”其实并不难理解，就是利用别人的资本、技术、人力或是其他资源来为自己创造一定的收益。这一理念目前常常被用在经济学的范畴，并被很多犹太商人广泛使用。

其实，“借鸡下蛋”理念更可以理解为对已经熟悉的事物与想法再利用，并产生出创造性的成果。有些时候对被利用的事物可以持认同的态度，有些情况下可以持否定的态度。不管是哪种态度，都需要充分利用其原理或漏洞，为自己的事业搭建基础的平台。

犹太人威尔因为做生意“老奸巨猾”，被对手和朋友们称为生意场上的“老狐狸”。多少年来，他都是冲杀在商场第一线。

有一次，威尔看好了一家公司在未来的发展前景。经过一番思虑之后，他决心买下该公司的控股权。但是，他又不想自己掏钱把这家公司给买下来。于是他开始进行了一系列调研工作，并思索如何做才能以不花钱的方式完美地收购这家公司。

首先，威尔心中非常清楚，这家公司的声望不高，所以就算发行股票，也卖不出高价。所以利用未来的升值空间去让投资者出钱，并不会引起投资者关注。但如果是自己接手的话，倒是可以利用自己的声望来提高这家公司的股票价格。但是，威尔需要首先掏钱先买下该公司的控股权，但他不想掏这个钱，所以他便选择借钱来购买这家公司的控股权。

随后，威尔把该公司所欠的外债都转移到该公司下属的几个分公司中，让他们发行股票，卖出后用来抵销债务。接下来，他又利用自己的声望来提高公司的声望。果然，经过威尔这一系列的动作，与这个公司相关的股票大涨，威尔从这样的操作中赚了一大笔钱。

就这样，靠着用“借鸡下蛋”的思维方式，威尔巧妙地收购了一家又一家的公司。从中可以看出，犹太商业文化认为，不管从事任何事业，都不可能一步登天。但是登天的办法有千万种。想要快速登天，可以选择借助别人的力登天，这样一来既便捷又省力。

犹太人在经历第二次世界大战的磨难之后，很多人几乎变得一无所有。但他们白手起家，依旧快速兴盛起来。他们所利用的方法之一，就是“借别人的鸡，下自己的蛋”这样一种快速的致富之路。

智力、智慧与创造力是人需要具备的三种才能。创造力是我们在内部与外部的生命力量相互关联的能力；智力则是将这些力量意识化，并将它们运用到生活与工作中的能力；而智慧更多地来自社会及个人的学习、反思与体验，外加相关系列性的实践过程的平衡。“借鸡生蛋”并不完全依赖人本身的创造力，这是正确的看法，也需要极强的智慧。

美国犹太裔学者斯腾伯格在分析智力、智慧和创造力三者关系的时候，得出了一些非常有意思的结论。第一个结论是，智力与智慧之间的相关性为94%，智力与创造力的相关性为69%，而智慧与创造力之间的相关性则为62%。

就如同杠杆原理一样，犹太人习惯找准自己的施力点，然后仅仅需要使用微小的力量，就可以撬动比自己大几倍甚至几十倍的东西，这就是犹太人的过人之处。

当我们翻开犹太人的发家史时，很容易发现，他们之所以能够在较短时间内成为知名的富豪，多是和他们的创新思维有关。美国学者托巴斯·萨蒂在《创造性思维》一书中指出，创造过程的框架是如下设置的：①问题描述；②解决方案的生成；③新颖性；④验证；⑤做出决定。成功的犹太裔商人无一不是在智慧的浸润下，依据这五条进行着创造性的活动。在利用他人的资源去为自己盈利的途径上，这样的框架会更加明确地呈现出来。

犹太大亨洛维格就是利用“借鸡下蛋”的方式，最终实现自己成为亿万富翁的梦想。洛维格在第一次做生意时，并没有选择平常人的普通思路，而是将一艘别人早已经弃置不用、最后沉入海底的大概有26英尺长的柴油机动船打捞上来。他利用四个月的时间将这艘船修好，然后将其承包给了别人，自己从中获得了500美元的报酬。

随后，在洛维格快到30岁的时候，他又先后找到了几家纽约银行，希望银行能够向他提供贷款。他想用这笔贷款购买一艘标准规格的旧货轮，并计划将它改装成具有很强性能的油轮。但是他的请求遭到了那几家银行的拒绝，因为他并没有任何可以用来当作担保的资产。但是洛维格并不打算就此罢手，那么他是怎样操作这件事的呢？

洛维格自己本身拥有一艘只能用来航行的老油轮，便主动将这条油轮以非常低廉的租价租给了一家石油公司。随后，他找到了一家银行的经理，对他们说自己有一条已经被石油公司包租的油轮；而租金是完全可以由石油公司直接划入银行，用来抵付购买新货轮所产生的本息。

经过洛维格与银行之间的几番交涉，纽约的大通银行最终答应了他的借贷要求。随后，他顺利拿到了贷款，并买下了他想要购买的那条旧货轮。他自己动手将那艘货轮进行了改装，使其成为一艘货运能力较之前更强的货轮。随后，洛维格又利用新的油轮，运用之前的方式将这条货轮抵押出去，再一次借到银行的一大笔贷款。随后，他又去买船，再又去银行贷款……

就这样，年复一年，洛维格所拥有的船越来越多。每当他还清一笔油轮的贷款，这艘油轮就正式归于他的名下。随着他所有贷款的还清，他也成为多艘货船的主人。

在本案例中，洛维格充分运用了自己的“借鸡下蛋”的思维。我们可以发现，他的创造性思维首先在于对自身的问题有非常清醒的认知；其次，他进行了一系列策划活动，非常精确地计算了自己借贷的可能性与成本支出；再次，他解决方式的新颖性便在于，利用租借他货轮的公司的资本与名声，为自己还款提供信誉和能力上的担保；又次，他一系列的运作为他的这一解决方法提供了验证；最后，他将这一方法不断地进行调整、完善，最终拥有了大量资产。

在犹太人看来，不管是借脑袋、借人才，还是借智慧、借资金，只要做好“借”字文章，就可以充分利用社会资源帮助自身进行发展，赚取最大的利润。俗话说：“借力发力不费力。”懂得借力的人，才能以小博大，以弱胜强，以柔克刚。

心灵寄语

古人说：“下君之策尽己之力，中君之策尽人之力，上君之策尽人之智。”无论你是企业老板还是管理者，或是普通职员，做好“借”字文章，能让你取得意想不到的成功。

小聪明也有大智慧

我们经常会因为生活或工作的不如意，心生怨气，长吁短叹。当看到别人发大财时，就会语气微酸地说，自己是因为没本钱，才会没有别人发展得好，没有挣到大钱；要不就这样说，别人有什么高见，不就是动了点小脑筋，在别人的想法上动了点手脚，才成功的？但其实在犹太人看来，创业并不一定需要自己拥有足够的资金，拥有无与伦比的创新思维反而更为重要。当一个人拥有了独立的创新思维能力，就能够用自己的大脑为自己创造更多的财富。

打破常规的思维并不需要什么高深莫测的认知，也不必有忍辱负重的过往经历。它或许只是一些看起来不起眼的小聪明，却能够赢得难以预估的收益。小聪明虽然是“小”的，但其中蕴含着很多与人生相关的大智慧。而对创造力的提升则需要这些大智慧进行高屋建瓴的指导，因为这是创造性人才的内在特质展现。

现在我们通过犹太商界的著名案例来论及这个逻辑的正确与否——而案例的主人公是“芭比娃娃”的发明者、著名的女企业家露丝·汉德勒。

在“芭比娃娃”发明出来之前，美国市场上为小女孩设计的玩具大多为可爱的小天使形象，小脸蛋圆乎乎的，小身体胖乎乎的，就像当时的著名童星秀兰·邓波儿一般。这样的经典形象是当时娃娃制作所参考的主要对象，更是大人对孩子玩具的想象。

露丝·汉德勒和她的丈夫两个人此时正为儿童游乐室设计并制造家具，还承接了木制画框的设计制作。有一天，露丝发现自己的女儿芭芭拉正在和一个男孩子玩剪纸娃娃。让她感到新奇的是，这些剪纸娃娃并不是市面上常见到的那种像婴儿一般的宝宝，而是一个个有不同职业的少年。这些身份各异的剪纸娃娃，让露丝的女儿非常痴迷。露丝看到这个场景，马上萌生出一个新的想法：“为什么不设计一些成熟一些的娃娃呢？”

露丝看到了德国市场上有卖一种叫作“丽莉”的成熟女性风格的娃娃，但是她的同事觉得这种娃娃的服饰有些太暴露了，并不适合给孩子们玩。通过自己不断的构思与设计，露丝的头脑里那种真正适合儿童进行角色扮演的娃娃形象，越来越清晰、完善。于是，她请来工程师帮助自己实现了“芭比娃娃”的诞生。

怎么解决服饰的暴露性问题呢？露丝以一个女人对服饰搭配与设计的敏锐度与细腻，请来了服装设计师夏洛特·约翰逊为自己的“芭比娃娃”设计服装。1958年，露丝和她的合作者们获得了“芭比娃娃”的设计专利权。

这是一个改变了整个时代的娃娃，她和之前的所有娃娃形象都不一样。她就是一个大人，有修长的四肢，美丽迷人。芭比虽然有完美的身材，但是被得体漂亮的衣服紧紧地包裹了起来，并不会让家长产生“暴露”的危机感。这个娃娃的脸上还露出了神秘而甜美的微笑，让人感到无比亲切。而从市场的反响上看，也印证了露丝所设计的这一款娃娃是正确的判断。“芭比娃娃”获得了越来越多小女孩的喜爱，在设计之初的第一年就卖出了35万个之多。

确实，我们都知道犹太人是深谙此道的，他们会觉得女人和小孩子的钱是最好赚的。但精准分析露丝创造“芭比娃娃”的缘由，却是出于对女性本身对美的思考，它与露丝对人性的反思有极为重要的关系。婴儿般的娃娃能够彰显女孩子潜在的母性本能，这本来是无可厚非的事情。但是，所有女孩子都会对自己长大之后会成为怎样的女人有丰富的想象——这是女性融入这个社会的本能联想，而却被当时的社会意识忽视掉了。

根据创造力的理论，心理学上认为其与联想有极为重要的关系。特别是精神分析理论认为，创造力是一种潜意识的冲突化产物。芭比娃娃的形象彰显的是女性自身的美好，包括对未来职业、收入、艺术审美以及生活方式的畅想与实践，而非单纯凸显女孩子想要去照顾婴儿的母性意识。本身这就是一种在社会角色定位观念上的冲突，更体现出了露丝身为女性较强的联想能力与创造力。

我们通过对露丝·汉德勒事例的分析可以看出，创造力的体现或许仅仅需要一些小聪明就可以达到那非比寻常的效果。因为从本质上来看，德国的“丽莉”娃娃已经首先做到了史无前例的创新，露丝只不过是在此基础之上改进了与其匹配的服装问题，确实不算是什么特别的壮举。但是，正是这种小小的改进，却满足了儿童对未来之路畅想的体验。不能不说，这点小聪明是露丝所具有的大智慧所起到的作用。

“无中生有”“小聪明”在我们大多数人的概念中都是贬义词。“耍小聪明”这样的行为，甚至会被很多人所不齿。但其实有些时候，一定程度上的“无中生有”和“耍小聪明”也未必就是一件坏事，甚至有可能带来意想不到的好处。犹太人就经常会注意一些小的生活细节，利用自身的小聪明，为自己带来发财的机会。

在充分利用广告效应来吸引客户的技巧上面，犹太文化有敏感的认知，并能够在很大程度上扭转当时的社会意识对潮流的束缚。现在让我们回顾一下胸罩的发展史，体验一下犹太人艾达·罗森斯奥的不凡之举。

发明胸罩的是一位名为玛丽·雅各布的美国妇人，她是不是犹太人，资料已经无从考证。但有一件事是值得肯定的，没有她，也许胸罩的发明就会晚上一段时间。在罗森斯奥涉足胸罩领域，进一步研发与推广这项事业之前，它一直默默无闻地驻足在人们的视野之外。

艾达·罗森斯奥于1886年1月9日出生于俄国明斯克的一个犹太人家庭，她的父亲是一位希伯来语学者。就在玛丽·雅各布将自己的胸罩设计专利以15000美元的低廉价格进行转卖之后，罗森斯奥夫妇于20世纪20年代开始设计一种独特的女式服装内衬。1925年，罗森斯奥夫妇的第一家品牌为“少女型”的媚登峰内衣工厂投入资金批量化生产胸罩。到了1928年，他们已经售出了50万个胸罩。

在不断改进产品的过程中，媚登峰首次提出了需要将胸罩罩标的尺寸规范化的概念，并以此申请了专利。1942年，罗森斯奥又发明了通过扣袢调整胸罩背带的长短，同样也获得了国家专利。至此，胸罩的定型使命已经完成了。

20世纪30年代，好莱坞女星在电影上的风情万种的美妙身材，对胸罩的普及与推广起了重要的影响作用，带动了胸罩产业的发展。真正让媚登峰名声大起的是第二次世界大战之后的广告宣传策划。1949年，媚登峰在报纸上为自己的胸罩产品大做广告。他们推出了“我梦想”系列广告。在这个系列海报中，所描述的主角永远是一个年轻美貌的女人形象。不管她的下身穿着如何，上身总会只穿有媚登峰的胸罩。广告词也写得非常新颖："我梦想自己穿着少女型胸罩在……"在风气保守的20世纪50年代，这一种形式的广告无疑会引起巨大争议。

令人没有想到的是，广告登出后效果奇佳，广告中的口号成为延用20多年的经典。令人慨叹的是，媚登峰广告会随着女性思潮的不断变化，以"我梦想"为蓝本，变换不同的方式向全世界的女性推广自身与时俱进的理念，打造身为女性"知己"的品牌形象。

从这个事例中，我们可以看到找到原有产品中自己可以充分发挥自己"小聪明"的地方，才是让真正吸引我们关注的重要环节。胸罩并不是媚登峰发明的，但他们确定了在此产品基础之上的尺寸样式、穿脱模式。看起来，这点"小聪明"的优势在于，它利用了人倾向于统一制式与便捷生活的人性化追求，做出了产品的重要改进。从另一个角度来看，媚登峰在广告宣传上面也用尽了"小聪明"，保证自己广告宣传的与时俱进，保证了更年轻的女性用户群体。

传统观念认为，苦难才是引发创造力的重要因素。那么在这种假设上，具有创造性的人必须承受超乎普通人的痛苦。但是事实上，犹太人的成功，也许多数体现了这个逻辑的普遍性，但它绝非无二的真理。创造性地去思考并非是痛苦的，它有时充满着欢欣与鼓舞。

一般来说，创造性人才的内在特质包括其生活态度、幽默感、个人的思考行为习惯、毅力、心理活动、气质，以及个人价值观等一系列的限制条件。而其所展现出来的创造性的思考，多数展现在美学、效率与表达等方面。创造力的最终目的是用来解决相应问题的，或是通过想象力、学习、动机等条件的帮助下将创造力转变成一种独树一帜的结果，比如舞蹈、音乐、绘画、诗歌、发明或理论。

解决工作和生活中存在的问题，是一种需要亲历者参与的实践活动，而不仅仅当一个旁观者。我们需要从对人性的体味与反思中观察与总结，才能通过创造性的活动解决问题，实现自己的理想！而这点，才是人活在这个世上的大智慧！

心灵寄语

世界上的事情千变万化，大智慧有大智慧的长处，小聪明有小聪明的优点。小聪明的背后，是观察的细致入微，是行动的脚踏实地。所以，不要瞧不起小聪明，独具匠心的小聪明有时候也能成就大赢家。

突破思维定式，不走寻常路

我国著名的管理专家王育琨有一次去以色列进行考察，特别与2005年诺贝尔经济学奖的获奖者罗伯特·奥曼教授进行过两次会面。

在第二次会面的时候，王教授向奥曼教授问了一个问题："犹太人为什么创新这么厉害呢？"

奥曼的回答是非常简单的："问为什么！为什么，就是犹太人创新的扳机！"

对遇到的事问个为什么，并不仅仅停留在这个问题的表面意义，还意味着对于这一问题的表达答案进行深度挖掘，找到可以突破思维定式的机会。

思维定式又称为惯性思维，是由先前的活动而形成的一种对于某一种活动的特殊心理准备状态，或者是针对于此类活动的倾向性。在环境不变的条件下，思维定式可以让人快速运用已知的方法解决问题；但是如果出现条件变化的时候，这种固化的思维会变成妨碍人类创新的障碍。

一个犹太裔经理人开车去往外地A市，他要在那里办理一些事情。可是就在这时，他接到了自己公司的电话，让他下午在A市乘坐飞机去往B市谈判，而且还需要在外面待上几天。

这个经理人有些犹豫，因为自己的车子需要在A市停车场停放几天的话，那需要向停车场支付的停车费必然会很高。他并不是心疼这点停车费用，而是在想，有什么办法可以不用花这么些钱就可以安全存放自己的车。

于是，这个犹太人想到了一个特别好的方法。他来到了一家银行，想要办理一笔一万元的贷款。这家银行的信贷人员很客气地接待了他，并问："您是本地人吗？"

这个犹太人回答："不是！"

信贷人员又问："那您有什么值钱的物品可以抵押呢？"

这个经理人犹豫了一会儿，说道："我虽然在这里没有房子，但我是开着自己的车来的，车可以用来抵押吗？”

信贷人员又问：“那请问是什么车呢？”

这个经理人说：“一辆劳斯莱斯。”

银行工作人员一听是一辆价值不菲的豪车，在验完车之后便很快给这个犹太人办理了抵押贷款手续。

几天之后，犹太人从B市谈判回来后，来到了这家银行归还了一万元的贷款，外加上80元的利息。随后，他高高兴兴地把自己的车又开回去了。

我们从这个事例可以看到，存放自己的车确实应该存放在停车场——这是很多人头脑中的固定储存方式。但是，在这个犹太人那里，他就没有被这种固化的思维禁锢起来，而是突破“停车一定要放在停车场”这一思维定式，不但省下了一大笔停车费，还多了一万元贷款可供自己临时支配。

犹太人始终强调，一个人不管是在生活中还是在工作中，要能够做到突破思维定式，达到别人到不了的高度，才能享受别人享受不了的生活。在纳粹时期，犹太人中流传着这样一个故事：

一个犹太人被抓了起来，他的妻子因为是非犹太人，所以免于同样的厄运。丈夫被抓走后，妻子想尽办法与其进行了联系。妻子写的一封信，终于送到了丈夫的手中。在这封信中，妻子写道：“现在是种马铃薯的季节，但是因为家里缺人手，可能要错过农时了。”

见此情形，这个犹太人也是一筹莫展。辗转难眠时，他突然想到了一个好办法。第二天，他就给妻子回了一封信。信上写道：“千万不要动那块马铃薯地，因为那里面被我埋了大量的炸药。”

一个星期过去了，这个犹太人又收到了一封由妻子寄来的信。他的妻子写道：“家里突然闯进很多人，将那块马铃薯地全给翻了一遍。”犹太人高兴地给妻子回了一封信：“那就开始种马铃薯吧。”

这则小笑话，直观地向我们展示了犹太人与众不同的思维方式：在已经身处绝境的时候，只要尝试突破以往的思维定式，或许能轻松地解决看起来无法解决的问题。

在生活中，大家常常会因为自己以往的经验可靠有效，而将自己的思考与判断方式固定下来。久而久之，也就形成一种思维定式。当然，思维定式也是有一定的好处的，那可为我们节省走弯路的时间成本。但与此同时，思维定式也将我们本身思维的创造性禁锢了起来。

在一家由犹太人所开的珠宝店里，女老板手上有一批绿松石珠宝一直无法销售出去。面对积压在手中的这些珠宝，她非常发愁。因为即便是在旅游旺季，这批物美价廉的绿松石依旧无人问津。

对这批绿松石已经失去了销售信心的女老板，因为要去外地进货，所以打算把它们低价处理掉。在走的前一天晚上，她非常丧气地给第二天上班的售货员留了一张纸条："价钱乘以二分之一。"

等这个女老板回来以后，却惊奇地发现，这批绿松石不仅卖光了，而且还是以两倍的价钱卖掉的。她急忙询问事情的来龙去脉，得知原来是售货员马虎，把她写的纸条看错了，以为"二分之一"是"二"，直接加了一倍的价钱售卖。没想到这个举动却"歪打正着"，正符合许多顾客心中对珠宝的传统认知——"价钱高的珠宝才是好的"。由于人们对这种宝石毫不了解，因此出现了竞相购买绿松石的局面。

这家店的女老板就是受到自身思维定式的限制，认为大家都认可的商品原则是物美价廉的；而且她还有另外一种思维定式，认为没有人购买就是商品不好，需要降价出售。售货员的一个失误行为，无意间打破了女老板的思维定式，为她的经营找到了一条不寻常之路。

心理学上所讲述的"心理定式"，主要指的是一个人利用自己过去积累形成的经验直接拿来衡量面对的新事物。这种心理定式促使人以一种自己已有的固定看法作为判断事物的根据，去分析一个新的事物的性质与发展趋势。但世界在变化，一味地依靠自身的思维定式去"以不变应万变"，只会对一个人的做事效果产生负面影响。

不论是思维定式，还是心理定式，都与社会环境、文化习俗以及个人经验有密切的关联。我们需要将这些定式彻底打破，让自己的思维沿着不同的方向扩展开去，使得自己的观念通过各个相关方面的反馈，最终获得多种答案的效果。

奥地利犹太裔艺术家、建筑设计师百水（Friedensreich Hundertwasser）认为："直线是通向人性堕落的形式。我相信万物的创造都是在螺旋中完成的。"在德国纳粹的残暴统治之下，那种整齐划一、纪律至上、用统一的标准决定世间万物的风格给了这位犹太人极其强烈的刺激。

百水终其一生，都在对"反其道而行之"这一艺术原则进行着切身实践。他在绘画上面推崇明艳而又曲折的造型模式，在生活中更是反对各种没有必要的刻板守则。他对传统思维定式的打破更显现在他的建筑风格上，那种与自然相融合的自由随性的建筑，将其创新思维展现得淋漓尽致。

"人为什么不能像花朵那样展示自己的绚烂多姿？"在艺术家创造出的作品之中，或许你会发现定式的打破并非是艰难的。它会是一种理性与感性的双重享受，是人生阅历的真正升华！

心灵寄语

若想要在事业上有所发展，就不能被以往的经验所束缚。你只有适时地创新，打破常规的思维，走别人没走过的路。尤其当老路走不通的时候，你要去寻找新的路走。只有不断求新求变，你才有出路。只有走别人没有走过的不寻常之路，你才能成为不寻常的人。

常变常新，出奇制胜

飞速发展的当今社会，最主要的时代特征是信息大爆炸。社会上的各行各业都在大量的信息交汇中不断变化着自身的发展方向。可以说，“变”已经成为我们当今这个时代的主流。如果你不能跟随着时代的变化而变化，做到常变常新，那么很有可能会被这个社会所抛弃。

犹太人从来都不担心这个问题，因为他们已经习惯以善变应万变，自然不会让自己处于被动的地位。犹太民族从很久以前就一直处于世界的风口浪尖上，所以他们也一直都将“变”作为生意场上“不变”的真理。对他们来说，“变”是创新。只有不断地创新，企业才能在当今的竞争大潮中不断前进。

不管是进行任何投资，或是买卖活动，犹太人从来都是事先制订好详细的计划，并且根据预估的事情发展中会出现的变化，制定一套随机应变的策略，然后视事态的发展变化进行相应的策略调整。

美国有一家公司的董事长叫休得曼，从小在犹太家庭中长大。他总是喜欢在自己所生产的产品上不断地改变营销模式，总会别出心裁地想出很多巧妙的招数来。但他并没有依照我们常见的所谓商家卖东西“买一送一”“买大送小”这些常见的商品促销形式推销商品，而是采用了出人意料的营销模式。

当时，休得曼拥有一家生产清洗剂的公司，他们的生产线生产出了一种能清洗机动车机件上的油污的清洗剂。本以为这种产品一经上市就会销售火爆，没想到销售结果非常不理想。后来休德曼就将以往商家的“买一送一”的促销模式反过来用，进行“买小送大”的活动。他宣称，只要购买清洗剂，就送机件清洗机。这样一种花小钱能占大便宜的促销手段，使得购买清洗剂的人数成倍增加。

慢慢地，清洗剂的多功能性就逐渐被使用厂家所认识，最终相信休得曼的产品。最终，他的这种促销手段收到了很好的效果，全州500多个机动车修理厂家都安上了这样的机件清洗机。

从表面上来看，休得曼的公司亏损了五百多台清洗机的钱，但如果细算的话，就会发现清洗剂的销售价格已经远远超过了这么多台清洗机的价格。几年之后，休得曼又想到了一招——他将废旧的清洗机回收，并且将其加工成新的清洗机之后重新推向市场。这样的做法，使他再次赚取了大量的利润。

现代企业要想发展得更好，也要学习休得曼的这种不断地“变”，也就是不断地去创新。社会的更新速度快，企业也要随之更快。正如比尔·盖茨说的：“微软离破产只有18个月。”昨天还在流行的东西，很有可能在今天一睁眼就发现被新的东西代替了。企业的产品一旦过时，那后果就不堪设想。所以，哪怕是小到一个公司，或是大到一个国家，“变”都是社会前进中的主旋律。只有一直掌握住求变的技能，才能在社会中占有一席之地。也只有一直不断地变，才能让自己活跃在社会这个大舞台上。

就目前市场形势来看，企业只有读懂用户心理，挖掘出用户需求的盲点才能更适应市场变化而“变”，才能变出更好的未来。这也就意味着在市场的不断融合和调控下，企业需要根据用户的需求进行一种创新。这不仅是为了适应新时代营销，同时也是为了能够更有力地保护市场，让企业和用户实现互利共赢。

犹太人在做事的时候非常喜欢出奇制胜，他们认为只要自己使用的招数越奇特，那么成功的概率就会越大。

迈尔·阿姆谢尔·鲍尔于1744年2月23日出生在法兰克福的犹太人聚居区。梅耶从小就特别聪明，他的父亲摩西便尽其所能教授他关于金钱和借贷的商业知识。几年以后，父亲去世了，梅耶便在亲戚的支持下，来到汉诺威的欧本海默家族银行当一名银行学徒。虽然他当时只有13岁，但他很快显现出与众不同的才华。他不但学会了各种金融手段，还用所赚得的钱买回了一家会计所，经营起了银行业务。

当时，收藏古钱币是欧洲各国多数王公贵族们的雅好。于是，梅耶亲自编辑了一本《古钱手册》，并在内文中附上详细解说，然后邮寄给各地的王公贵族们，希望自己的店能够成为皇家指定的古币供应商店，以期能够因此获得丰富的利润。

尽管大部分的信件都石沉大海，但梅耶依然没有停止投寄行动。最终，黑森公爵同意了他的请求。于是，梅耶以几乎等于白送的价格向黑森公爵卖出了他所收藏的珍贵古代徽章和钱币。与此同时，他还极力帮助公爵收集其他珍贵的古币，并经常为公爵介绍一些生意上的顾客，不遗余力地帮他赚钱，使其获得了数倍的利润。而最终，在公爵的帮助之下，梅耶也顺利获得了他人生之中的第一桶金。

在犹太民族中，无论是小孩子赚取零花钱，还是金融大亨赚取高额利润，他们总是会利用别出心裁的想法寻找机会。在这样种种奇特招数的尝试下，犹太人赚取了令人艳羡的财富，在历史上也留下了种种精彩的印迹。

时至今日，当大家遇到不能解决的问题时，首先想到的几乎都是自己肯定做不成了。如果能够转换思维，像犹太人一样想出一些奇特的方法，有时候恰恰就是解决问题的金钥匙。

值得我们关注的一点是，很多时候我们以为用户的那些理所当然的需求，其实并不是用户核心的需求；又或者用户此时存在的这种需求，在供需达到平衡的时候不再是用户继续持有的需求。在商业运营中，企业需要针对客户不断变化的需求进行分析，还要学会甄别市场上的真伪需求，对用户的真正需求进行抽丝剥茧的探索。只有这样做，才能寻找到造成这些需求下面更深层次的痛点。不然，变化的方向不对，也不能推动企业的发展。

翻开犹太人的发家史，就会发现，他们的产品也都不是墨守成规的老古董，他们也一直都在变化自己的产品，或者进军不同的行业领域。犹太的著名企业也正是凭借这种“变”的精神，才能在商场上一直处于领先地位。因此，想要顺应时代进行产品质变，就需要企业寻找到用户真正的需求，读懂用户的真正心理，发掘深层的用户需求盲点。

犹太人认为，一家企业要想在社会上不断地做大做强，“变”一定是最终的硬道理。只有始终常变常新，根据市场需求顺应时代的变化而变化，才能促使企业能够长时间地发展下去。

心灵寄语

21世纪是一个智力大比拼的时代。想要在社会上生存下去，就要拥有比财富更高的智慧，因为智慧永远也不会枯竭。如果在依靠寻常的方法已经不能获取自己想要的，那就抛掉原有的观点和方法，多进行变化思考，多采取一些灵活多样的方法，才能得到出奇制胜的效果。

第八章

站在高处，把控全局

犹太文化向我们展现了一个宏大的宇宙系统——在这个世界上，有天神之所，有死神之境，更有人间之地。犹太人身为与上帝达成约定的选民，在早期的社群生活中，就意识到了人类社会关系的复杂性。

这世间的一切都可以被称为思想的现实载体，而犹太人在这世间搭建起属于本民族的精神家园。在这美丽的“伊甸园”中，有明确的组织架构、逻辑体系、道德规范，还有对未来的梦想与追求……

认识自己，接纳自己

从广义上来说，各大文明体系的原始人民，都能够自发地生成系统思维的萌芽——自然，犹太文明也不例外。这个一开始以游牧为生的民族，在与气候的交流中找到了相对系统并复杂的思考模式。

犹太人有两千多年的流亡史，所以他们也形成了一种自己能够接受的认知体系。不管自己是处于生命阶段的哪个阶段，都能做到欣然接受，顺势而为。在这个世界上，不是每个人生来就是长得漂亮的，也不是每个人生来就能够顺利实现自己的梦想的。英国精神分析学家威尔弗雷德·鲁普莱希特·比昂说：“当我们能够去接受一定的不完美时，我们才有可能看到美好的东西。”

准确来说，民族性强调的是属于这一民族的独特文化属性。而从系统思维上来看，这可以称之为“自组织”的独特认知。“自组织”是一个重要的思维概念，在复杂的系统之中会凸显出其对稳定的特点。尽管“自组织”内部看起来是零散的、分离的，但仍然能够表现出大规模的（群体性的）、一致性的结构性。

犹太民族就是这样一个“自组织”，本民族的人民尽管分离于世界各处，甚至语言习俗各不相同，但是在属于“犹太文明”的“自组织”里，他们却能够将犹太民族的整体特性完全彰显出来。

犹太民族的“自组织”是他们立于此世之本，可以将其归于血缘的力量，也可以将其归于信仰的能量。但从整体来看，这样的“自组织”系统向世人展现出来的是一个动态的并表现出强烈的生机的结构特征。所以我们会看到以色列尽管建国60余年，他们所构建的一切组织都是那样井井有条，甚至快速形成了独树一帜的行业特色。动态结构正是维持复杂国家进行常规化运作并灵活多变的条件，但这并不是唯一的特点。

犹太民族仍然充分具备着维持自组织动态发展并稳定运营的另外一项特征，即一股将给定系统与周围环境来的能量流。爱因斯坦对能量守恒定律的发现，大概多少与犹太人在异族的国度生活经验有关。因为犹太文化作为一个给定的系统，当其试图融入一个陌生环境时，必然会产生大量的能量流动，也就是文化的冲击与互相影响。

我们可以推断，犹太文化能够快速地在一地形成属于自己的居住区定居下来，与周围环境进行积极并友善的能量交互是其必要手段。其传递出来的正能量就算是与那种极端反犹主义负能量相遇，也会表现出相互抵消的效果。而抵消负能量的重要手段之一，就是为自身设定一个较为准确的社会定位。

《塔木德》的名言剑指人的精神追求本质问题：“我是谁？我从哪里来？将到哪里去？”它引导人们反思自己来自何方，了解自己去往何处，明白自己向谁倾吐真情和叙述经历。

“你来自何处？”我是一粒堕落的尘土。

“你去往何地？”我去一个尘埃飞扬、蛆虫爬行、一片混乱的世界。

“你向谁倾诉自己的心声和经历？”向上帝，向神圣无比的上帝，愿上帝保佑。

很多时候，我们痛苦，是因为我们认为自己的生活不够好，别人做什么都比自己好。其实不然，每个人的人生都会遇到这样或那样的问题。俗话说得好：“家家有本难念的经。”所以，请接纳自己，喜欢自己，欣然接受你所处的生命阶段。世界上只有一个你，善待自己，你将获得对自己的认同和理解。

当一个人因为不幸做了截肢手术后，刚开始的一段时间内几乎会觉得自己一直都要生活在痛苦中，想要自杀的愿望非常强烈。但是，等到手术6个月之后，如果这个人之前没有自杀成功，那么他自杀的愿望就会越来越弱，最终被自己慢慢遗忘，这便是心理学上的自我保护功能。

自我保护功能让我们更容易在这个世界上生存下去。如果我们一直记得那些曾经让我们痛苦的事情，始终放不下，那么我们终其一生都只会痛苦不堪。很多事情失去的就让它失去吧，如果一味地沉迷于失去的感受，就会蒙蔽自己本来有余力抬头看世界的眼，当然也就看不到自己当下生活的美好了。

在成长过程中，慢慢长大，都会觉得自己是最独特的一个。但是随着时间流逝，很多人就会开始否定以前的自己，有的人甚至会选择逃避自我。人生大致如此，总是在不停地自信和自卑中摇摆不定。最终，人们就需要寻找到两者中间的那个平衡点——认识到自己到底是个什么样的人。

举例来说，在面对自己的人生时，如果你选择逃避自己，那么最终你的人生只会越走越黑暗，变得越来越没有安全感。我们身边诸如此类的不胜枚举，绝大多数人从小受到各种各样的限制。所以，很多人会认为只有具备某种条件，如像漂亮的外表、优秀的学习成绩、过人的专长、出色的业绩等，才能获得被自己和他人接纳的资格。这样想将导致很多人背上了内心自卑的包袱，最终走上了逃避自我的道路。

由于曾经被他人挑剔，所以我们自身也渐渐地开始习惯于用挑剔的目光看待自己。然而犹太人却认为，只有无条件地接受自己，我们才能让自己的人生走向更好的未来。

犹太人所提倡的无条件地接纳自己，指的是不管我们外表如何——美丽、平凡，甚至是丑陋，不管我们能力如何——过人、平庸还是低人一等，不管我们性格如何——被人喜欢的、不被人喜欢的……这些都是我们无法割裂的一部分。我们要做的是选择以平常心态接纳自己，而不是逃避现实。久而久之，我们才能突破自己的弱点，成就更好的自己。

一个人最好的模样，大概就是能坦然接受自己所有的弱点，不再因为别人过得好而焦虑，甚至在没有人看得到的地方依旧生活得更好。在接纳自己的同时，犹太人还认为应该做到积蓄能量，好在以后厚积薄发。

心灵寄语

我们不能控制天气，但可以左右自己的心情；我们不能让自己永远年轻下去，但可以让自己永远保持一颗纯真的童心。当我们欣然接受自己所处的生命阶段时，即便历经人世间的纷纷扰扰，依旧能够活得安乐自在。

想突破，先要找准自己的定位

定位与系统有密切关系，你首先要在这个系统之中，才能够进行有效定位；就算你身在这个系统之外，但也会在另一个系统之中。绝对脱离系统存在的人是不存在的，因为我们本身就生活在大自然这个生态系统之中，自身也具备着九大系统。人文科学更是一个庞大的社会认知系统，几乎每个学科都不是绝对独立的系统存在，各学科之间也都有相关的联系。

在单一学科的系统中，每一个深爱它的研究者，都将对自己的研究方向进行着精准定位。但是需要强调的是，需要先对整个学科进行系统性学习与掌握，才能在深入的学习中，对自己的兴趣点有一个准确的定位，再进行深入探索。

学习艺术更是如此，现在我们看到绘画的流派多种多样，其实这也是一个大的绘画系统。在艺术家们长时间的学习探索之后，他们才能够形成独特的绘画风格定位。比如，意大利犹太裔绘画大师拉斐尔，他的绘画风格的确定也并不是突然之间形成的，同样有系统性的艺术学习与画风上的突破。

拉斐尔出生于1483年４月６日，原名拉法埃洛·圣乔奥。他的父亲是一位非常普通的画家，并没有什么名气。在他出生之前，他的两个哥哥都不幸夭折。因此，拉斐尔的父亲非常看重他。由于受到父亲家庭文化的影响，他成为一个非常温文尔雅的青年。

拉斐尔在小的时候并不喜欢画画，后来在他父亲的影响和教导下，对画画产生了强烈的兴趣。他的父亲是宫廷里任职的二级画师，经常参加一些绘画名作的编著工作。因此，在拉斐尔学习绘画期间，他也对西方的绘画进行了系统的学习和研究。在拉斐尔11岁的时候，他的父亲也不幸因病去世。为了维持家中的生计，他去给一名画家当助手。每天他非常辛苦地工作，但是也丝毫不影响他对绘画技巧的学习与研究。

在拉斐尔所生的那个时代，出现了很多绘画天才。可想而知，拉斐尔的艺术追求之路也是充满艰辛的。他借鉴古今中外的名家作品，认真分析体会画中所传递出来的精神内涵。特别一提的是，他还对当时著名画家达·芬奇的精妙构图，以及米开朗琪罗的人文精神进行了深度研究，终于从中创造出了属于自己的绘画风格。他那极具古典主义精神的清新秀丽、圆润柔美的风格，使后世将拉斐尔与达·芬奇、米开朗琪罗一同称为文艺复兴时期的艺术三杰。

想要赢得艺术界的认可，需要对自己的艺术表现形式进行精准定位。但是精准定位之前的准备工作，正是对本领域进行系统性的学习与探索。两者是缺一不可的——没有系统性的学习，定位就有可能是“一叶障目”，只见树木，不见森林；没有精准的定位，只能成为先人的机械模仿者，更不会有所突破。

艺术领域是这样，那么商业领域更是如此。犹太人对自己的精准定位，大概来源于求生的本能与利益的追求。进入20世纪以来，信息全球化的趋势使得各行业出现大量的竞争者。如何在这些竞争者中快速突出重围，不对自己的产品进行定位是不可能的。

从经济学的角度来看，“定位”有更加广泛的意义，从产品研发、品牌文化、团队建设、资本管控……各个分支都需要进行有效的定位，制定切实可行的经营策略。没有系统性思维，就无法对产品进行精准定位。特别是在互联网时代，定位更是犹太商人所要关注的重点环节。

一个产品的经营，要在对同类产品的体验与反思之中找到自己的定位，这是从事商业不可忽略的重要步骤。因为没有对产品所对应的市场进行系统性了解与分析，就不会对自己的产品“应该卖给谁”“应该怎样卖”“应该怎样进行经销”等问题进行全面把握。换言之，从事商业首先要做的是市场定位。

1961年，移居到美国的波兰犹太裔商人鲁本·马特斯创立了“哈根达斯”这一冰激凌品牌。当时，冰激凌在美国几乎遍地开花，品牌众多让人眼花缭乱。尽管马特斯对冰激凌本身的产品质量是非常看重的，但是仅仅凭借醇滑精致的口感，其实并不能让这一品牌在大众的心里留下难忘的印象。

面对这一问题，马特斯进行思考与分析，很快发现当时大多数的冰激凌品牌还是以街头流动的雪糕车上贩卖的形式进行销售，他们都在想用低廉的价格与相对高品质的口感吸引回头客。这让他有了一个大胆的设想，并快速让自己找到一个独特的经销定位——哈根达斯将自己打造成为顶级雪糕的代表产品。他通过对宣传产品可以为顾客带来自我沉醉、快乐幸福的感官体验为品牌卖点，很快占领了高端成人的消费市场。

20世纪80年代，哈根达斯之所以能够获得成功，除了对“尊贵”“稀有”这两种品牌气质进行突出强调之外，将冰激凌与浪漫爱情相联系也成为这一品牌成功的关键要素。这种将产品与爱情捆绑一起进行营销的手段真的是屡试不爽，犹太商人对此手法心知肚明。当我们国人提到哈根达斯的时候，很多人自然而然地在脑海中想起“爱她，就带她去吃哈根达斯”的经典广告语。这种产品定位，一方面抓住了女性群体对浪漫情调与美味食物的向往之情，更使产品与目标客户之间产生了除使用价值之外的精神与情感意义。

在哈根达斯这里，针对高端人群的市场进行企业宣传与产品包装，通过对“尊贵”“稀有”等高端人群所重视的属性进行产品包装，打造与流动雪糕车完全不一样的店面式定点营销，便是其独特的市场定位。

市场定位是企业及产品确定在目标市场之中所处的位置，具体指企业经营者根据竞争者现有产品在市场上的形式，针对目标顾客对该类产品哪些特征或属性的重视程度，为自己的企业打造与其他竞争者不一样的、特点鲜明的企业或产品形象，并将这种形象生动地传递给目的顾客，从而使该产品在市场上确定合适的定位。

市场定位的后面，还需要对产品进行定位；而在产品定位之后，又需要对自己的品牌进行精准定位……可以这样讲，将市场看成一盘复杂的棋盘，自己的产品就是自己手中的棋子，往哪里走，落子在何处，都需要通过俯视整个棋盘之后，方可确定。

不管研究哪一门学科，从事哪一种行业，想要进行自我突破或是想在群雄逐鹿的江湖中突出重围，不进行精准定位是不行的。而最终决定自己所定的位置是否准确，没有系统性思维进行把控也是很难做到的。

心灵寄语

“人无我有，人有我精。”虽然说起来简单，实则是需要深思熟虑的重要环节。从犹太人那里，我们学习他们的创造力，前提条件就是需要先看到他们擅长对自我进行准确定位的能力。自然，这一点我们也完全能够做到！

斤斤计较不是坏事

认真想一下，如果没有“一叶知秋”的系统性思维训练，我们也许不会看到一件小事背后所关联的一系列问题。对犹太人来说，一个细节处理不善，就有可能出现一个潜在的恶性循环。通过犹太人的命运可知，民族危机意识的文化内涵导致了他们涉世方面的如履薄冰，即使是和平年代也不外于此。

《犹太法典》中记载，犹太人社会有监督买卖度量这一官职，主要负责对度量器械的监管。丈量土地的绳子在夏天和冬天的长度是不一样的，因为温度的变化会导致绳子的长度变化；在卖出某种液体时，如果监督员发现包装的罐子底部有以前的残液，就可断定商家有不公平交易的行为……

在谈判中，犹太人时常表现得镇定自若、得心应手；甚至在一些与之打交道的异族人眼中，他们会表现得步步紧逼的样子。在一些交易中，人们会发现犹太人对合同的条款好钻空子，过于算计。对犹太人来说，在金钱上的锱铢必较并不是一件丢脸的事情。他们并不像其他商人一般耻于在蝇头小利上进行交涉，而是觉得应该赚取的利润，哪怕半分钱也是不能放弃掉的。

犹太商人认为:“每一次生意都是初交。”根据犹太人做买卖的经验，就算是和再熟的人打交道，犹太人也绝对不可能由于上一次的成功交易而放松警惕。在他们心中，每一次生意都是一次独立的经济活动；而双方的每一次合作，都会被看成第一次合作。犹太人认为，人是不可以轻易相信的。他们只能在合同上做文章，抠细节，才能保证自己能够顺利赚到每一分钱，获得最大经济效益。

想象一下，此时你的手中正握着一枚硬币。如果此时你松开了手，会发生什么现象呢？显然，这枚硬币会落在地上。那么，请再想象一下，如果你松开手中的东西并不是一枚硬币这般廉价的东西，而是将你所经营的一种产品的价格降低5%，那么又会发生什么事情呢？你会发现，你的动作将导致一系列的连锁反应：你决定降价这样一个单一的动作，会引发无数不同的结果——从导致自己产品销售量的增长（依据最基础的经济学原理）到触发一场行业内的价格战；从让一些人由于花费较少的钱获得产品的兴奋，到另外一些人由于失去了拥有奢侈品的尊贵感而对你的产品渐行渐远；从你由于达到了本季度的目标而获得了公司的嘉奖，到你的公司在未来几年后的破产……所有这些可能性，都是那个单一事件——产品价格降低5%所导致的后果。除了这些之外，你的这个举动也许会出现其他的后果。如果这样一段长篇大论都不足以让你思考轻易放弃那一些“蝇头小利”所带来的一系列不良影响，那么还有什么能够让你去了解系统思考所带来的重大意义呢？

犹太人不放弃手中的硬币，自有其深远的考量。我们可以不去学习他们的斤斤计较，但是我们不应该放弃对整体问题的认识与反思。犹太人是重利“轻义”的，那是因为他们不会用我们中国人心中的道义去衡量商业上的问题。反过来说，我们的道义用在商业之中是没有问题的，但是既然选择了经商，借鉴犹太人的系统思维去维护自己的利益又有何不可？

有一个对于犹太人的认识在世界范围内流传颇广：“犹太人都是吝啬鬼。”很多人觉得，犹太人就算再有钱，对别人也并不是那么大方。尽管“小气”在很多人看来是一件不光彩的事情，但是在犹太文化中，吝啬却被认为是最为优秀的品德。对于物品的斤斤计较，几乎成了犹太商人所拥有的本能反应。

犹太富豪洛克菲勒曾经这样表达对于吝啬的观点：“把你自己的钱包看紧了，不要让你的金钱随便地四散出去，也不要怕别人指责你吝啬。只有当每花出去一分钱就能够得到两分钱的利润之时，你的钱才可以花出去！”所以我们会看到，不管多么富有的犹太商人，都不会随意挥霍自己的钱财。

据《福布斯》杂志保守估计，马克·扎克伯格在2008年便成为全球最为年轻的富翁，也是历史上全球最为年轻的自行创业的亿万富豪之一。而今，这个1984年出生的年轻人，其身价已经高达446亿美元，将我们这些“80后”远远地甩在了“千里之外”！

我们看到了他的钱，却并没有看到他奢侈生活的“八卦”新闻。相反，我们在他的身上看到的是与其身份完全不“协调”的个人生活状态：扎克伯格没有豪车，虽然他拥有三辆汽车，可是这三辆车加起来总价都不超过10万美元。其中，他最钟爱的一辆车是本田飞度，价值仅为1.6万美元（约合人民币10万元）。除此之外，扎克伯格还拥有一辆价值1.8万美元的大众高尔夫，另外一辆最好的车——讴歌TSX，也不过3万美元（约合人民币19.4万元）左右。

扎克伯格在自家的院子里迎娶了自己的爱妻，婚戒是他自己亲手设计的。那枚婚戒上装饰的，不过是一颗非常简单的红宝石。来参加他婚礼的宾客也不过是几十个亲朋好友而已，没有达官，更没有显贵。

对于自己如此“吝啬”的行为，扎克伯格说下了这样一番话:“你知道吗？我们犹太人崇尚的便是frugalism（吝啬主义）。我们觉得，吝啬就是一种美德。所以，如果我们奢侈、浪费、炫富，就会觉得很丢人，会被其他人看不起。如果我们请保姆，那么我的邻居就会觉得我是在炫耀，或者是在过一种奢侈的生活。所以我们一定要自己带孩子，根本不能请保姆。”

没错，犹太人爱钱爱到了斤斤计较、唯利是图的地步，但这是他们的求生传统，是生存技巧罢了。节俭主义背后是犹太人珍惜所获一切的精神，是一种与自然和谐共生的现实主义。如果“小气”成为犹太人的民族标签，那么也许这个标签在犹太人眼中是一种骄傲！

心灵寄语

“纣为象箸而箕子怖。”箕子用系统思维告诉纣王一双象箸所引发的恶性循环：用象牙筷子吃饭，就一定不肯搭配粗陶制的碗具，必然会用犀玉杯盘，所食之物必然是山珍海味，进而穿得就讲究绫罗绸缎，盖亭台楼阁……如此下去，国破家亡。系统思维其意义就在这里，斤斤计较并不是一种“贪婪小气”的表现，更多情况下体现的是一种掌控全局的观念。

跨界，其实是个伪命题

在市场竞争日益加剧的今天，行业与行业之间开始了相互渗透、相互融合，已经很难对一个公司或者一个品牌清楚地界定它的行业属性了。为了更好地适应市场变化，创造出更好地商品进行销售，很多企业商业走向跨界。其最大的益处就是让原本毫不相干的商业元素，相互渗透、相互融合，从而给自身品牌塑造出一种立体感和纵深感。

高盛公司从来不是一家单一的金融企业，但是他们确实有单一的家族式管理体系。高盛家族秉承着犹太的文化传统，自1869年开始，德国犹太裔马库斯·戈德曼就从事以倒卖商业本票为主的金融业务。在当时，一些缺钱的企业会在富裕的商人那里借钱，并立下借款字据。到了还款期限时，企业便会凭借这张字据还钱。这样的字据是可以转让的，谁的手里拥有这张凭证，企业就会把钱还给谁。这种倒卖商业本票的业务，便是投资银行在创立初期的传统业务。

戈德曼渐渐意识到，本票的倒卖根本没有股票与债券承销业务所能创造的利润高。于是，他邀请自己的女婿塞缪尔·萨克斯和儿子亨利·戈德曼进入自己的公司，为扩大业务输入了新鲜的血液。很快，在他们的帮助下，高盛很快就成了一家真正意义上的投资银行。

高盛深知，自己若想在同行业争得一席之地，必须有独立于同类公司的可操作点。尽管投资银行所面对的客户是五花八门的，但是高盛依然成为专业的投资、咨询与金融服务公司，并为自己的客户提供了大量的金融服务。随着投资银行业的转型升级，高盛集团也提升了自己的核心竞争力，成为五大投行中最具有盈利能力的一家银行。

准确来说，投资并不算是跨界，因为他们会运用同一套商业逻辑与运算法则，去对不同行业的风口进行预判。行业也好，企业也罢，其实并不存在真实的边界。资金的流转在于逐利，而背后所体现的系统思维，正是来自对金融规则的深度认知。如果对其经营体系不能够深入了解，那么盲目跨界不但会无利可赚，更会出现一损俱损的不利局面。

阿曼德·哈默，1898年5月21日生于美国纽约曼哈顿区。他那优秀的商业头脑为他的一系列跨界经营打下了良好的基础——不得不承认，他确实是一个商业天才。哈默在大学时，为了拯救父亲投资的古德制药厂而开始接管这个药厂的经营。经过他对药品包装与交货方式的一系列改革，使古德制药厂不但顺利渡过了难关，并且扩大了经营规模。

1921年，哈默将目光投向了刚经历第一次世界大战重创的俄国。他在俄国创办了一家铅笔制造厂，还将这家铅笔制造厂打造成世界上最大规模的铅笔制造企业。哈默并没有满足，他又将投资的目光转向了他完全陌生的威士忌酒行业。通过哈默对美国政局的分析，他判断禁酒法令会随着罗斯福登上总统宝座而终止，伴随而来的将是对威士忌酒桶的高需求。果然，哈默再一次获得了成功。不久，对威士忌酒业感到厌倦的哈默又神奇地成为安格斯良种牛养殖业公认的领袖。他购买了大量的安格斯良种牛，利用制酒厂所出产的副产品——土豆浆渣进行饲养；并将这些良种牛进行拍卖，从中赚取了高额的利润。

此后，哈默更进入到石油产业，所经营的西方石油公司成为日后主宰世界石油业的“石油七姐妹”之一。随后，哈默又不断收购了欧洲几家大型石油运输、加工销售公司，成为西方著名的石油巨头。

马克思在《资本论》中这样说：“研究必须充分地占有材料，分析它的各种发展形式，探寻这些形式的内在联系。”跨界思维的理念正来源于此，要求人们具备丰富的社会经历、人文情怀，甚至需要具有渊博的综合知识架构。需要打破“竖井”思维，消解本职业、本专业形成的桎梏，进行横向思考。

现在依旧是犹太企业焕发强大光芒的时代，这次登场的角色是一家著名的互联网公司，它的名字叫作谷歌（Google)。谷歌的创始人拉里·佩奇和谢尔盖·布林都是犹太人，谷歌自然也有深厚的犹太背景。

作为互联网的行业老大，谷歌跨界的项目太多了，有过成功，也有过失败。但是，谷歌并不会因为一时的成功或失败而停止跨界的步伐，这些年来他们越跨越“离奇”。谷歌意识到，由于互联网产品或服务的生命周期相对较短，因此单纯的互联网业务并不可能进行无限拓展。因此，谷歌开始涉足于实体经济，特别是对制造业表现出浓厚的兴趣。

谷歌对未来的战略设计并不讳莫如深，它计划以信息技术和服务为依托，在完成对个人空间的全覆盖之后，向工厂、家庭、汽车等领域延伸，计划打造出一个高度智能化的生产与生活的网络世界。

从大而化之的角度来看，高盛、哈默、谷歌的跨界之旅，其原理在于突破原有的行业惯例与常规，通过对其他行业的理念和技术的嫁接，实现自身创新与突破的行为。但是，需要注意的是，跨界思维一定需要领导者以专注自身行业规律为前提，先将一件事情研究透彻之后，再进行跨界研究。跨界经营需要以本业经营为基础——如果本业都做不好，那么草率跨界就是加速消亡的助推器。

因此，进行跨界开发新产品，也要根据现行产品本身的情况和市场销售情况，结合用户的需求，再决定是否有必要进行跨界投资。只是看着别人跨界就眼红，就跟随着跨界，这样只会让本业内的产品失去原有的用户。

跨界最重要的是跨越观念的界限，这是搭建系统思维的重要环节。不同的领域，必然有不同的特点。跨界打破了两个领域的界限，必然会引发诸多矛盾。那么，如何在系统思维的影响下解决这些矛盾呢？观念的更新是首要解决的问题。

我们可以先试着在本行业的边缘进行突破，找与其相近的行业进行跨界，总结经验与教训，再逐步拓展到完全陌生的领域。比如一位学艺术的人，他一开始是学画画的，后来可以根据对艺术的整体思考，将自己的专业拓展到摄影、服装设计等领域中。跨界从来不是一蹴而就的事情，都有一个缓慢发展的过程。

跨界，其实本身就是一个伪命题。它的外部所彰显的是强大的创新能力，以及对时机把握的高度敏感力。而在它的内部，是一种运用大世界的眼光，通过多角度、多视野去看待问题，并提出解决方法的思维方式。

世界本身是一个系统，在犹太教的意识形态中，这个由上帝所搭建的世界是不完美的，因此需要修补它，完善它。系统思维正是起到这个作用，帮助犹太人在不同的行业找到了追随上帝脚步的实践之路。

心灵寄语

如何具有跨界思维呢？首先，我们需要具备跨界意识。不管身处在什么行业，当面对问题无力解决之时，就应该尝试运用其他行业的思路进行处理。其次，需要在自己技能精尖的条件下，尝试掌握其他行业的知识，并在本行业进行实践。最后，需要利用系统思维进行宏观掌控，对问题的本质进行解读，方可得心应手、触类旁通。

第九章

让自己的思想插上翅膀

系统思维与发散思维是紧密相关的。如果不先承认事物之间的普遍联系，那么发散思维便得不到有效的立足点。但就算有严密的系统思维，如果没有发散思维的能力，也将在一张密网之中故步自封，无法突破自我。吉尔福特认为，训练人的发散思维能力，对培养其创造力有重要的意义。

犹太民族的想象力可以追溯其对上帝的认知，但本质上是源自他们对大自然的朴实见解。当通过对《圣经》故事的解读，我们会发现，犹太人的想象力会在他们的叙事中彰显着独特的魅力。如果那世代流传下来的历史传说所印证的是犹太人古老的想象空间，那么现实社会中犹太人的大量优秀成果，更是他们突破思想界限，发挥想象力进行创造的证明。

关联性是有效发散的出发点

发散思维又被人称为“辐射思维”“扩散思维”，是指大脑在思考的过程中呈现的一种扩散状态的思维模式。它的特点是思考者的思维视野广阔，思维呈现出多维的发散状态。

发散思维需要一定的起因，也就是说，需要一个引发性的事件。在这一引发性事件的基础之上，找到具有与之或近或远关联性的思考模式。但最重要的条件是，一定要有一定的“关联性”。

我们都知道，阳光和空气都不是商品。因为商品的一个重要特点就是用于交换的、满足他人需求的劳动产品。空气和阳光本来就存在于自然之中，所以并不是劳动产品，也自然不会是商品了。

但是，这个世界上，还真有把空气当成商品进行售卖的事情。给这个商人提供机遇的，恰好是一个大家都非常熟悉的思维方式——事物是普遍联系的。

洛克是一位犹太裔大富翁，由于生意上的事情实在是太多了，因此他的工作非常忙碌。有一次，为了让自己的身心放松一下，他将工作交代给了自己的助手，随后去日本度假。

这时正值炎热的夏天，洛克并不愿意待在空调房间里，便决定去爬富士山。由于富士山的半山腰凉爽宜人，空气也非常新鲜，所以洛克来到这里后，忍不住多吸了几口新鲜的空气。他觉得，自己身上的劳累和倦怠之感，也随着这几口新鲜空气离他远去了！洛克突然脑子里冒出来一个主意："我为什么不把富士山上的空气拿回去卖呢？"

但是，洛克并没有马上动手操作这件事情，而是认真分析了这件事情背后的诸多需求：他首先考虑到那些吸惯了都市污染空气的人们，他们对于这种自然、新鲜的空气是有需求的；他又想到那些生病的人们，在疗养身体的时候也需要这种清新、纯净的空气；他接下来想到了那些虽然很想到富士山旅游但一直无法成行或无法久留的人们，也应该会对这类产品感兴趣；最后，他觉得那些老人和儿童也会愿意花钱购买这种美妙清新的空气，这将对他们的身心健康非常有益……

售卖空气，在分析相关消费者的需求点时，需要强有力的发散才能做到对于自身产品的市场预估与信心。在具备极强关联性的发散思维的决策下，洛克的"富士山空气罐头"一经推出，就受到了那些他早已经设定好的消费者群体极高的赞誉。他的推销获得了极大的成功，不仅仅在日本本土进行销售，还将"富士山空气罐头"出口到了美国、欧洲，甚至是赤道国家！

我们从上面的例子中可以看到，进行有效发散的重要条件之一，便是找到或近或远的关联性。只要将消费者的需求同自己的产品进行有效契合，就能够达到较为突出的效果。犹太人在钻石这一产品中的营销之路，则充分彰显出犹太商人以"事物的联系"为出发点的发散性思维。

千年以前，钻石主要产自印度地区，经由中亚等地，通过陆路运输到达欧洲的商业中心威尼斯。犹太人在这条商路上建立起自身优势，牢牢地控制着钻石交易。一直到1870年，南非Orange River发现了巨大的钻石矿，其产量可以用吨来计算。随着全球各地发现的越来越多的钻石矿资源，英国的钻石商人（当然，他们是犹太人）感到了无比恐慌。

为了维持钻石的市场价格，钻石商们在1888年联手成立了一个单独的实体，也就是著名的戴比尔斯联合矿业公司。这家公司在全世界买下了几乎所有钻石大矿的开采权，在其巅峰时期甚至垄断了全球超过80%的钻石。如果你认为犹太人仅仅止步于此，那就是小瞧了系统思维的巨大张力。20世纪30年代的经济大萧条，钻石与爱情这两者之间的神奇联系就从这时开始。

当时，欧洲的战争到了一触即发的危急关头，钻石的价格已经面临全面崩溃的态势。而此时的美国，成为戴比尔斯唯一可以有效维持的市场。1938年8月，戴比尔斯找到了广告公司进行合作，为自己量身打造了一种能让女性为之疯狂的营销模式。女人是感性的，更是善于模仿的。在那个年代，戴比尔斯大力宣扬着名人们送给自己爱人们的钻石大小，更通过对时尚界人士的现身说法，表达他们对钻石的信仰。

1947年，戴比尔斯公司的广告将重点转向了大众心理学的需求研究，并在广告中强化了钻石戒指作为订婚戒指的传统。而那在“钻石恒久远，一颗永流传（A diamond is forever)”的著名广告语中，又有多少人不会将其与脑海中的新婚情景联系起来呢?

凡是对事物之间的联系进行证明，都需要有大量论据进行支持。戴比尔斯公司当然知道，这种广告宣扬的内容一定需要向人们证明其存在的真实性与内在逻辑的可信性。他们成立了半官方的钻石信息中心，专门用来发布钻石相关的历史数据以及最新资讯，成为媒体用来采写相关内容的信息参考来源。通过媒体的舆论引导与广告的视觉冲击，钻石与爱情、订婚紧密相连的意识深深地影响了一整代美国人。人们确定这不是最新兴起的时尚，而是自古至今的传统文化。

现在我们回过头来分析，为什么犹太人不让钻石的价格顺应时代发展的趋势降低下来，反而绞尽脑汁打造钻石与社会文化的多重联系，保持钻石价格的较高价格？这是由于犹太人并不愿意走薄利多销、物美价廉的路线，而是选择了厚利适销的套路。因为在犹太人的系统思维中，物美价廉也许能解决一时之困，但是收效是短暂的。这样的营销手段，会对整个钻石产业造成越来越严重的打击。因为从一开始，犹太人就并没有将钻石这件产品看成普通群众都可以轻易消费得起的产品。他们的钻石产品定位，本身就是建立在中产阶级和上流人士上面。至于普通百姓对中产和上流社会的效仿，不过是其营销的策略罢了，是他们运用大众的攀比与模仿心理顺便为自己扩大盈利的手段。

犹太商人一般都会直接选择厚利的商品，然后把他们的销售对象定位为有钱人。有钱人大多不太会介意商品的价格，而且在他们的概念中，如果商品的价格过低，那就是不够档次；只有高价的商品才是物有所值。而且做这种选择还能避免掉一般的小商家，因为他们做不起这种生意，所以竞争压力就会减轻。因此我们会看到，戴比尔斯公司将钻石的主要交易牢牢地控制在自己的手中，不得不说他们对产品本身的定位是正确的，也是一种长久的产品经营之道。

现在，厚利适销的策略，也已经慢慢地扩张开来。随着社会的不断发展，人们的消费水平也在不断上涨。为了更好地享受，很多人也慢慢开始选择这种厚利的商品。由此看来，犹太人的厚利适销真的算是一种长远的发展战略。也正因为犹太商人揣摩透了消费者的心理，做好了适合自己产品的定位，才能在薄利多销策略盛行的今天，一直发展得很好。

不管是建立新型事物之间的联系，还是选择厚利适销的经营套路，其本身就是犹太人的发散思维的体现。发散思维不局限于眼前利益之上，而是将目光放在长远的地方进行充分考量。发散思维最终的目的，是将自己可以操控的环节牢牢地掌握在自己的手上，从而充分利用各种机遇与条件，实现自己的最终目标。

心灵寄语

运用发散思维认识和解决问题，不仅需要我们充分运用感官接收信息并进行广泛又不失深刻的加工，而且还需要我们充分调动自身的情感。可以这样说，发散思维需要我们的感性认识与理性认识的双重体验，而非仅仅需要我们冷静客观地进行思考，甚至有些时候，发散思维更需要“感情用事”，赋予信息以感情色彩，这将有效提升我们进行发散思维的速度与效果。

科学发散，有放有收

有一个犹太农夫，因为耕种需要一头牛，于是他到集市上去买牛。他恰好看到一头牛，而且便宜得超乎他的想象。于是，他便高高兴兴地把这头牛买回家了。让他万万没想到的是，第二天这头牛就死了。原来那个卖牛的就是因为知道这头牛生病了，活不长了，才会将这头牛卖得那么便宜。

可惜世上没有后悔药，要是一般人碰上这样的事情，估计只有自认倒霉了。但这名犹太农夫却没有这样做，他开始想办法弥补自己的损失。他贴出告示，说自己十块钱就卖牛，但是要抽奖。大家一听十块钱就有可能买到一头牛，就都来参与这次抽奖活动。在经过几百人之间的一番争抢之后，有一个家伙幸运地买到了这头牛。但他发现这竟然是头死牛时，就让犹太农夫退他钱。犹太农夫非常干脆地退了他的十块钱，但他也因为这个抽奖活动而挣到了几百块。就这样，他不仅挣回了自己买牛的钱，竟然还有了盈利。

面对这样一头死牛，如何进行有效的发散性思考，成为这个犹太人挽救损失的关键。从思维延展的不同角度出发，这名犹太人运用了抽奖的形式。抽奖所付出的成本并不高，讲究的是幸运，而奖品的噱头则充分利用了“十块钱卖牛”这种占便宜的大众心理。这并不构成诈骗，因为犹太农夫进行了双重后果的补救。如果被抽中者认栽，心甘情愿地用十块钱拉走那头死牛，那么农夫不但挽回了自己的经济损失，还有人帮助自己处理了牛的尸体；如果被抽中者认为自己被骗了，那么退回的只有被抽中者的十块钱罢了，那些“不幸运”的大多数人的钱并没有退。

做一件事，正如这位犹太农夫一般，不仅要去多角度思考如何实现自己的想法；更要考虑到想法实现之后，多样后果的可能性与补救措施。发散思维会在现实生活中提升自己控制风险的能力，让自己超越固化的思路分析并解决问题。对事件的处理，需要发散思维丰富自己的创造力，帮助自己解决问题，更需要充分有效的手段控制之后所带来的影响。

“乌合之众”是法国社会心理学家古斯塔夫·勒庞在他的著作《乌合之众：大众心理研究》中提出的一个概念。他在论著中提到了“群体性”的概念，认为从心理学角度来看，在某一种既定的情况下，也只能在这种情况下，聚集到一起的人群所表现出来的新特征，与组成人群的个体特征截然不同。那些聚集在一起的人们的思想感情全部整齐地倒向一边，而本人的自我意识却消失了。

在群体之中，一个人的个性会被湮没，独立的思考能力也会丧失，群体的思想会取代个体的思想处于统治地位；整个群体会表现出排斥与群体不一致的想法，甚至出现思想上的极端化、情绪化。

以色列流传着这样一个故事：克尔姆城的一个补鞋匠把顾客给杀了，他因此被送上了法庭，但是等到法官宣判对他处以绞刑时，一个听取审判的市民站起来大声说：“城里只有一个补鞋匠，他死了，谁为我们补鞋？”

其他市民一听，就异口同声跟着呼应。最后，法官也低头看了看自己的鞋子，觉得那个市民的质疑很有道理，所以进行了重新判决：“克尔姆的公民们，你们说的真是太对了——由于我们只有他一个人能做补鞋的活计，处死他的话将会给所有公民带来不便之处。那么我们城里有两个盖房顶的，就让他们来抓阄，将其中一个替这个补鞋匠接受死亡的惩罚吧！”

这个故事虽然只是一个寓言，但是仍然告诉了我们很多在生活中可以扪心自问的哲理。首先，这群观看死刑的市民，在消解了自我意识的前提下所做出的言行，无意间将一个无辜的生命推到了死亡的境地；而从更深层次来说，发散思维也需要一个标准去进行维护。如果没有加入理性思考，就无法将其进行有效整合，变成更加清晰、条理更强、可行性更高的行动。

犹太人在做事的过程中，不会因循守旧，而是善于动脑，为他们带来了许多的机会。不管是在乌合之众中自我意识的消解，还是在亡羊补牢行为中的有备而来之举，犹太人从来不愿意将发散思维变得松散、混乱化。发散思维又叫作“辐射思维”“发射思维”，因此立足于辐射的原点是基本的思考原则。有放有收、科学地运用发散思维，会有效避免出现不良的思考。

心灵寄语

固有的思维模式是阻碍自身发展、影响自身判断的重要障碍物。当我们所面对的环境或所接触的事物发生变化后，我们看待与思考问题的方式也都要随着它们一起变化。如果还是守着固有思维，不做任何改变，不但问题得不到有效解决，甚至还会陷入越来越严重的危机之中。

透过表面挖掘出更多意义

发散思维也许只需要给你一个支点，但其所带来的影响可以达到撬动地球的效果。如果这个支点只是一种表面现象，那么我们就可以运用发散思维，将这一表面现象背后更多的深层含义挖掘出来。

在犹太人看来，很多时候，做事情的招数越奇特，获取成功的希望就越大。《塔木德》中说："6个人可以披一块头巾祈祷。"在看到这句话后，犹太人不仅能够领悟上帝的要求，同时还能透过表面挖掘出更多的意义。

第二次世界大战期间，波兰不幸落入希特勒的魔爪之中，在其边上的小国立陶宛因此处于危险之下。居住在立陶宛的犹太人眼看形势不对，纷纷选择逃离，而他们选择逃离的路线是经日本迁往他国。

有一天，当时的日本政府机关函电审查官，因为一份电文，前往日本犹太人委员会询问。阿南是当时的委员会主席，在看到这份电文时也是一头雾水。这份电文是一个犹太拉比卡利什发往立陶宛的，文中只有简单的一句话："6个人可以披一块头巾祈祷。"阿南虽然也不清楚电文到底是什么意思，但仍选择了理由进行解释："这是一个宗教礼仪上的问题。"

日本政府审查官觉得阿南说得不无道理，于是就放下了对这份电文的介意，让人把电文发了出去。虽然日本的审查官已经不再过问这件事情，但阿南却把这件事情放在了心上。后来，当他找到这位拉比后，心中的那个疑问再次冒了出来。他向拉比询问，电文上"6个人可以披一块头巾祈祷"到底是表达了什么意思。

拉比听完后，用深沉且悲哀的目光久久地凝视着阿南，半天才说道："你难道没听说这句有名的《塔木德》里的格言吗？6个人可以用一份证件上路。"

听到这儿，阿南恍然大悟。卡利什拉比因为刚刚离开欧洲来到日本，他依旧十分挂心立陶宛的犹太同胞。他之所以会发出那样一份电文，是因为他知道在日本的边境办签证的时候是能够以家庭为单位的。所以，他就给立陶宛的同胞发出来这样一个建议。这样一来，更多的犹太人就能够顺利地离开立陶宛了。

日本人当然没研究过《塔木德》，就连那犹太人委员会的主席阿南自己都搞不懂拉比的电文。所以，当这份电文被发送给立陶宛的犹太人后，日本的边境就出现了一个又一个犹太人的“6口之家”。虽然很多日本人非常惊叹犹太人家庭的统一，但却都没有想到，这是根据日本的入境管理条例所临时搭配的。

在犹太人看来，很多时候，看问题不仅要看表面，更是要透过表面挖掘出更多的意义，越是紧急和危险的时候，越能寻到突破口。犹太人始终坚信，很多时候，表面虽然看起来平庸，甚至悲惨，但仔细观察就能发现很多的潜在条件。人生的机会大都藏在这些潜在的条件中，关键就在于你是否拥有识别出这些的眼光和能够做到这些的意志力。

一个美国人、一个法国人和一个犹太人，同时由于犯罪而被法庭判刑。在他们入狱之前，监狱长对他们三个人说：“你们每一个人都可以向我提出最后一个要求，我可以满足你们。”

美国人喜欢抽雪茄，于是他便向监狱长要了几箱雪茄。因为他琢磨，只要有了这几箱雪茄，他就可以在监狱里度过这几年枯燥烦闷的生活了。

法国人比较浪漫，他便向监狱长要了一位美丽的女人。因为他心想，只要有了女人和自己做伴，就可以排遣在监狱生活中的孤独寂寞了。

犹太人并没有要别的东西，他经过谨慎思考，要了一部能够和外界自由通信的电话。

几年之后，他们三人终于服满了各自的刑期。

那个美国人第一个冲了出来，看上去他已经陷入了歇斯底里的境地。只见他的手里、鼻孔里、嘴巴里、耳朵里全都插满了雪茄。他一边朝外面奔跑着，一边大声叫喊：“火！快给我火啊！”原来，他只惦记着雪茄，忘了要火了！

第二个出来的是法国人。他背上背着一个孩子，怀中还抱着一个孩子。跟在他身后的那个美女手中也领着一个孩子，而她的肚子里还怀着一个孩子。

最后出来的那个犹太人却一副精神焕发的神情，一点也不像刚刚度过了刑期的人。他感激地握着监狱长的手说："谢谢你送我的电话，它能够让我在监狱中依旧保持与外界的联络。这几年来，我的生意不但没有亏损，利润还增长了好几倍。我决定送您一件礼物：一辆劳斯莱斯！"

从表象来看，这三个人都提出了最符合自己心愿的要求，监狱长也一一予以满足。但是，只有犹太人看出来表象背后隐藏的更多可能性。他的发散思维将"一个愿望"与自己的未来发展需求紧密地联系在了一起——通过一部可以与外界沟通的电话，将未来与现实进行了有效连接。只要能与外界沟通，就可以充分了解在监狱之外的一切变化，进而对其事业的经营也能够做出准确的决断。如果没有强大的发散思维进行引导，犹太人是不会提出这样一个看似不能够"享受"的要求的。

20世纪40年代，当时的以色列在建国时，竟然选择把国家的地址安在一个环境非常恶劣的沙漠地带，这在很多人看来都是非常不可取的。但犹太民族充分利用自身所拥有的科技人才，不断地改造那片不毛之地。他们最终创造出了奇迹，使沙漠成为丰饶的农田。农产品不仅能自给自足，还能出口创汇。

自建国以来，以色列一直致力于高科技产业的投入。他们凭借在遗传学、计算机科学、化学等领域的深耕，多名以色列人和以色列裔人获得诺贝尔奖。有资料显示，目前在美国纳斯达克上市的高科技公司中，来自以色列的高新科技企业数量居于第三位。

举一个简单的科技发明，我们就可以体味一下以色列人那非凡的脑洞：我们怎样在不打开西瓜的条件下知道这个西瓜是不是甜的呢？来自以色列的发明家做到了。这位发明家发明了一个中小型的扫描仪，可以检测食品、药品和其他物品中的化学成分。这款名为SCiO的扫描仪，是一个拇指一般大小的红外线分光仪。使用者只要拿着它对准目标物品按一下按键，就可以看出这一西瓜有多甜、一块奶酪含有多少卡路里，或是判断一个生长的西红柿什么时候能够熟透。

见微知著，科技水平彰显的是犹太人无限脑洞的创造力，而创造力本身就需要发散思维进行有效支撑。犹太人正是因为有这种透过表面挖掘更多意义的思维，才会在商业界、科学界等各个领域独领风骚。

心灵寄语

我们在上学的时候，总会遇到一题多解的情况，其实这也是透过表面探索更多可能的发散思维训练。我们需要注意的是，这种一题多解的思维模式，其实是需要我们在生活和工作中不断进行逻辑推导训练的。只有我们经常运用不同角度、不同方位、不同观点思考、分析并解决同一问题，我们才能够获得多种行之有效的答案，从而锻炼我们的发散思维能力，拓展我们的思维广度与深度。

不要把鸡蛋放在同一个篮子里

发散思维在社会中的应用非常广泛，经常体现在对一些风险的管理与控制方面。通俗来说，风险就是发生不幸事件的概率，是一个事件出现我们所不希望看到的后果的可能性。从广义上来说，只要某一件事情的出现存在两种或两种以上的可能性，那么就可以认定这件事情存在风险。

总有一些事情是无法控制与预先避免的，因此风险总是存在的。所以，风险管理者会采用各种措施，将事件发生风险的各种可能性减少或消灭；或由风险控制者经过事先的谋划，有效减少风险事件发生之后所造成的损失。风险控制系统多数时间被保险行业利用，其中的风险分散原则成为其保证保险机构经营稳定性所采取的风险控制之道。

风险分散原则在宏观层面上可通过下面三个方面实现：

1.使风险在地理范围上分散；

2.使风险在时间上分散；

3.通过多种经营实现风险分散。

宏观意义上的风险分散原则不但被保险行业充分运用，也在其他方面发挥着重要指导意义。特别是对犹太人的生活而言，更加需要对风险性进行有效分散，进而降低危机发生的概率，提高自己在危机四伏的环境中的存活可能。

在德国纳粹统治时期，犹太人维克托·弗兰克尔被关进了德国的某个集中营。随后他被转送到各个集中营里，甚至被关在了更加恐怖的奥斯威辛长达数月的时间。弗兰克尔学会了在那里的生存之道——每天刮胡子。不论你的身体到底有多么虚弱，就算必须用一片碎玻璃片当成剃胡子用的剃刀，也要保持这样一个重要的习惯。因为每天早晨当那些犹太人排着队接受纳粹的检查时，那些看上去颓废不堪、病气十足的人就会被挑选出来，送进毒气室里杀死。因此，如果你将胡子刮得非常干净，看起来气色非常红润，那么你能够存活下来的概率就会增加许多。

但弗兰克尔并没有放弃从集中营逃出去的想法，因为即使他时刻保持整洁，但在每天2片面包和3碗稀麦片粥的不良饮食之下，他的身体依然会逐渐衰弱下去。同囚室的人都嘲笑他，说他简直是痴心妄想，都已经在这种地方了，怎么可能逃出去呢？还不如老实地干活，说不定能等到纳粹倒台的那天。

但是弗兰克尔并不是这样想的，他想自己一定要提高生存下去的概率。终于在一次野外干活的时候，趁着黄昏收工，他钻到了大卡车的下面。弗兰克尔将自己的衣服全部脱光，趁看守不注意，悄悄地爬到了附近不远处的一堆赤裸的尸体上面。就算是周围的气味非常难闻，他也咬牙坚持下去，一动不动地装死。直到深夜时分，他确信已经不会有人再发现他了，便爬起来一口气跑了70千米的路。

在集中营里单纯等着存活下去的可能性简直太小了，所要承担的风险实在是太高了。弗兰克尔需要将这种风险分散到其他可能性上面，进而提升自己的生存概率。于是，他想到了主动出逃。被动地等待别人的救援，和主动出逃是两种不同的求生方式。在同样面对死亡的后果之下，两种求生方式都尝试，才能知道到底哪一种方式能够获得成功。

不论在哪种项目上进行投资，都具有存在风险的可能，时好时坏。如果你将大部分资产投入一种投资里，或许你将会一时间因此而获得很多回报，但是也会由于成本过于集中，导致功败垂成的风险过高。如果你将自己的投资进行有效分散，将所投资的种类增加，那么你投资失败的风险将会变小，你所得到好处的可能性就会越来越大。

前美国总统顾问拉宾，在一次接受杂志专访时对记者说道，成功致富有三大秘诀：第一是需要知道赚钱并不是一件丢脸的事情，第二是需要培养正确的金钱观念，第三就是懂得财富分配。犹太人自古以来，就一直采用一种非常现实可行的方式处理自身的财务问题。

犹太人习惯将所得的钱财分成三部分，其中三分之一放在不动产部分，三分之一放在商业投资，最后三分之一放在现金储蓄部分。除此之外，对商业投资方面，犹太商人也采取分散风险的原则进行资产运作。其中，进行多元化投资是最有效的分散风险的方式。

20世纪70年代后期至80年代初期，被迪士尼人称为“失去的十年”。

迪士尼渐渐失去在好莱坞独领风骚的地位，成为二等的制片商。随后，迪士尼董事会一致决定，邀请犹太人迈克尔·艾斯纳和弗兰克·威尔斯共同入主公司。其中，艾斯纳担任公司的董事会主席兼CEO。一位媒体分析家曾说，迪士尼帝国的老板（指艾斯纳）是一个“控制狂人”。艾斯纳杰出的管理才能和具有人事天赋的威尔斯相融合，使迪士尼快速从亏损的边缘获救，从此迪士尼公司进入了艾斯纳—威尔斯时代。

艾斯纳深知，动画是迪士尼的灵魂。因此他非常重视动画片的制作，对动画片进行大手笔的投资，并带来了丰厚的利润。但是，仅凭动画片成为自己的单一利润点是不够理想的，风险性会非常大。于是，艾斯纳重视起普通电影的制作，并且将其列为公司长期发展的计划之一。首先，艾斯纳投入了小成本影片的制作，为启动迪士尼的普通电影门类奠定了基础；随后小成本电影能够做到自给自足的持续发展，借以扩大其影响力；然后，在具备一定经济实力之后，艾斯纳努力提升电影的质量，推动电影部门获得了快速发展。仅以1987年为例，迪士尼公司在当年推出了23部影片，其中的22部都获得了盈利。

除了动画片和电影，艾斯纳在多元化经营的理念下不断开拓他的商业蓝图。他为公司不断增加一个又一个财源，进而将迪士尼帝国的业务不断扩大开来。其中，艾斯纳最为重视迪士尼乐园的经营，使其成为该公司的主要收入来源。

进入21世纪，迪士尼成为全球顶级的传媒巨头。艾斯纳控制着很多电视制作公司：沃尔特·迪士尼电视台、Touchstone电视台、Buena Vista电视台等8家电视台，和大都会电视网、美国广播电视网、迪士尼频道、Epson公司80%的股份以及另外两家有线电视频道的1/3的股份。

至于迪士尼的电影方面的大手笔投资更是遍地开花：迪士尼影业集团的老板Joe Roth同样是一名犹太人，其控制着Touchstone影业、好莱坞影业和Carvan影业。迪士尼集团还拥有Miramax电影公司。

除了迪士尼，犹太人所领导的其他五大传媒公司控制着全球96%的媒体。犹太人在商业领域所奉行的多元化经营原则，为犹太人降低经营风险，保持总体盈利起到了重要的作用。

在实际投资中，并非投资的种类越多越好。据统计，在投资组合中所投资项目增加一种，那么其风险就减少一些；但是如果投资项目增加过快，其抵抗风险的能力反而会降低。因此，想要进行有效的投资组合，分散投资风险，需要掌握好量的问题。

心灵寄语

从发散思维来看，将风险进行有效分散是相对安全的，也是一种理性的处世原则。我们需要将自身的视野进行扩展，练习用“一事多思”“一物多用”等方式去生活。在科学界、商业界以及其他方面，大量的风险分散例证也证实，有效利用这一原理进行工作，是提升事业成功的重要保证！

第十章

凡事学会问个“why”

美国作者尼尔·布朗在《学会提问》一书中指出，人们通常存在两种常见的思维方式，一种被其称为“海绵思维”。这种思维方式类似于将海绵放到水中的反应——充分吸收水分。而另外一种认知的主动权让你感到在自己手里，由自己决定对知识与社会认知的取舍，积极主动地参与到和知识传输方的互动中来——这种思维方式被称为“淘金式思维”。

犹太人是擅长淘金的人，就算是面对莎士比亚的四大悲剧作品之一的《李尔王》，他们也能立于本民族对悲剧的认知与反馈，打造出一个喜剧版的《李尔王》出来。淘金思维的背后，是对知识的有条件挑选，是一种批判思维的体现。

好奇心，批判思维的起点

以色列作者阿丁·斯坦萨尔茨在自己一篇名为《好奇的犹太人》的博文里，写下了这样一段意味深长的话：

> 上帝为什么想让我们学习呢？从理论上讲，这是一种和他进行交流的方式。从某种意义上说，我觉得为了学习而学习的能力，是使人类比天使更强大的真实特性之一。天使似乎对万事万物没有一丝好奇心，毕竟他无所不知，而动物只要学习可以生存下去的技能即可。因此，唯一对所有事物都能产生好奇的生物，也就只剩下人类自己了。

犹太人的学习伴随着强烈的好奇心，这也同样是家庭教育需要时刻保护的重要品质。在中国，或许“学以致用”的教育目的深深影响着绝大多数家长们的教育初衷，但是在犹太家庭的这种教育功利性要相对少一些。犹太家长通常会鼓励孩子进行提问，因为提问正是一个孩子好奇心的正确体现。

所有学习都必须从疑问开始，而疑问则是从好奇心开始。在犹太家庭中，小孩子的好奇心从来不会被家长以“是不是在他的未来人生之中用得到”为目的进行批判。因此，好奇心首先在家长那里得到了保护。

在亚历山大大帝统治期间，希腊地理学家赫托乌斯对犹太民族有过这样一段描述：“这个民族的所有人都是哲学家，喜欢问一些毫无意义的问题，完全是为了智慧而对智慧感兴趣。”

1994年，获得当年诺贝尔物理学奖的犹太科学家伊西多·拉比接受采访。在被记者问到是谁造就了他的伟大成就时，他的回答是——这应该归功于他的家庭。这是因为每当他放学回家的时候，他的父母从来不会问拉比在学校学到了什么知识；他们更加想知道的一点是“你今天有没有提出一个好问题？”

现在回到对批判性思维的分析，这种思维方式分弱势批判思维与强势批判思维两种。弱势批判思维是利用批判思维来捍卫自己现有的立场和看法；而强势批判思维则是利用批判思维评估所有自己获知的断言与看法，特别是对自身的看法。

好奇心是强势批判性思维的体现，对一个人能否接近真理，或是能够将美德继续发扬下去有重要意义。弱势批判思维只会下意识地维护自己固有的见解，抵触与消解那些与你观点不同的观点。事实上，将批判的目的仅仅放在让对方认输，并不能证明你具备强有力的批判性思维；反思自己固有认识是否准确，并进行相关论证，才是强势批判思维的体现。

康拉德·布洛赫1912年出生于德国的西里西亚尼斯，是一个犹太人家庭的孩子。他是德国的生物化学家，于1964年获得了诺贝尔生理学（医学）奖。

康拉德从小就对那些稀奇古怪的游戏非常感兴趣，什么都想亲自试一下。儿子有这样旺盛的好奇心，让布洛赫夫妇感到非常担心。有一次周末的晚上，布洛赫全家都聚集在客厅里，准备开一个小型的家族音乐会。这时大家发现，康拉德不知道跑到哪里去了。

布洛赫夫人常常因为这个只有六七岁大的康拉德头疼不已，但是又时常迁就他顽皮的想法和举动。此时，她让康拉德的表姐玛·居奥去把他找回来，毕竟大家都在准备欣赏他的小提琴独奏呢！

在找康拉德的路上，玛·居奥看到了一个特别奇怪的巨人。这个巨人的腿看上去并不太长，但是却超乎寻常地高。更让她感到惊讶的是，这个巨人长得和康拉德真是太像了。出于好奇，玛·居奥悄悄地跟踪着这个巨人。她发现，这个巨人来到了玛·居奥姑妈家附近的一户人家里。主人在后院里养了一群鹅，它们长得又肥又大。

玛·居奥听到那个站在鹅群里的巨人说话了："你们的脖子虽然长，可是我的身体更长。我倒要看看谁是巨人！"玛·居奥一听，这个巨人的声音怎么那么像康拉德呢？于是，她便试着叫了康拉德的名字。

那个巨人听到了玛·居奥的叫声之后，也吓了一跳，原来这个巨人正是由康拉德和他的小伙伴贝鲁特一起装扮成的。康拉德骑在了贝鲁特的肩上，用一件大窗帘缝制成的外衣把他们两个人遮挡了起来。

玛·居奥睁大了眼睛对康拉德说："你妈妈都快急坏了，你快回去吧！"两人回到家里，玛·居奥便将康拉德装成巨人和鹅进行对抗的场景说给家里人听，大家都哈哈大笑起来。可是康拉德却对大家的态度非常不满意，用力大声地反驳道："爸爸说，牛顿就是站在巨人的肩膀上才变成了巨人。我只不过是试了试这个办法，看看行不行！别说，这招还真灵，把鹅的脖子都吓得缩短了！"大家笑得更加厉害了！

布洛赫夫人理解了康拉德的想法之后，抚摸着儿子的头说："牛顿之所以被称为巨人，是因为他有一双由科学的伟大成就所形成的脚。你就算是巨人，可是你的脚呢？"康拉德看着自己的双脚，暗下决心，一定要多探索科学知识，成为一个像牛顿那样真正的巨人。

正像康拉德一样，他对所有的理念都充满着想要去亲自实践的好奇心——我们就需要这样执着的好奇心，并将其充分地发挥出来。通过这种好奇心而产生的刨根究底的研究行为，客观地对各种纷繁复杂的想法进行分析，方能从中去沙取金，找到真正值得我们坚守的真理。

我们应该看到，物质世界中的科学难题，或许有可能找到准确的答案。只要不去钻牛角尖，对那种自然科学中的推理充满好奇心是非常正常的事情——对未来领域的好奇与探索，可以成为人类发展的动力。但是，当问题一旦涉及人类的意识与行为，及对这些行为意义的解读，情况就变得完全不一样了。

我们人类天生擅长对同类的举止进行分析，这也同样是一种好奇心的体验——用通俗一点的说法，可以称之为“社会舆论”“八卦”“饭后谈资”。社会科学确实不存在绝对的真理，因为我们更愿意去相信那些与我们的期望值相一致的解释与表达。所以，由于人所在的立场不同，从而将自己的喜好带入对这些问题的理解中，对那些我们所不喜好的说法加以反感排斥，这确实是人之常情。

但是，对于好奇心的正确理解，正如天体物理学家马里奥·利维奥所思考的一样，有着不同类别和特征。他将好奇心分成了几大种类，其中一种叫知觉性好奇（perceptual curiosity），而另一种好奇心则称为知识性好奇（epistemic curiosity）。八卦消息、饭后谈资，最多属于知觉层面的好奇。在这里，利维奥举了一个例子说明了这种并不舒服的感觉：“就像我们身上哪里感觉痒痒，就必须要挠一下。”

而知识性的好奇则是一种让人感觉到愉快的状态，带有一种奖赏性的期待。这样一种好奇心也成了一些科学研究背后的驱动因素，甚至催成了艺术品的诞生、教育的发展，以及文明的进步。

总之，我们应记住爱因斯坦的话：“我并没有特别的才能，但是对所有事物都有狂热的好奇心。永远保持好奇心的人，是永远在进步的人。”

心灵寄语

好奇心就像每一个新生儿必须要打的疫苗一般，需要从小在孩子们的身体里植入进去。就算是学校再强调答案的标准化、思维的模式化，家长在家庭教育中也需要鼓励孩子们对所接触到的事物进行探索。具备好奇心，才是开启智慧的稳固基石。

思考独立，绽放思想之花

一个具备批判性思维能力的人，是为了寻求更好的解决问题的方法，进而制定更好的决定。在这一目标确定之前，我们需要先树立正确的价值观，并使之为自己实现这些的目标起到加速的作用。当我们通过分析那些具有批判性思维方式的人时，我们会从中发现他们的主要价值观。

除了需要具备对外界事物的好奇心之外，还需要具有独立自主的思考习惯，最后则是需要拥有对那些愿意与你坐而论道的对手的尊重——以上这三点，便构成了拥有批判思维的优秀人才最为重要的价值观念。现在，我们将重点谈论思考独立的重要意义。

罗伯特·索洛是美国著名的经济学家，诺贝尔经济学奖的得主。他于1924年8月23日生于纽约的布鲁克林，同样是具有犹太血统的杰出人士。索洛在进入哈佛大学学习之初，原本打算学习生物学和植物学，但是他很快就发现这些学科并不符合他的心意。第二次世界大战结束之后，他从军队退役便重新回到哈佛大学继续深造，开始学习经济学。

在美国得克萨斯州圣安东尼奥Trinity大学，索洛做了一场名为《我成为经济学家的衍化之路》的主题演讲。我们可以从中探求像他当时那样一个涉世未深的年轻人，是如何在导师的影响下开始独立思考，并进行针对自己专业的深度学习与研究工作的：

1945年9月，哈佛仍然坚持执行“导师制”。当时我正值大三，每个学生都被分配到一位导师，每周当面教导一个小时。导师会指定学生一些阅读的文献，偶尔也会要求学生写短篇报告，师生两人再针对这一周的功课内容进行讨论。我的导师是里昂惕夫。从他身上，我了解到经济学不是一门大杂烩的集合，而是一套建立在极严谨理论与实证架构上的科学。

当时，他做了一件现在看起来好像可笑的事，但却颇值得提一下。在哈佛大学，当时的学生可能修完了博士班的课程，都可以根本不懂或是不用微积分。但是在我们每周的讨论会上，他常用这样的话做开场白："你应该读读这篇或那篇……可是不对，你不懂数学，所以你没办法读它。这样吧，换这一篇看一下。"也许我确实反应迟钝，但我绝不是个笨蛋。我当然想要阅读第一流的素材，因此我马上去选修了一系列的微积分的内容，并持续研读数学的课程，直到我拥有足够的数学知识应付每天的功课。

从此，凭借自己额外的努力，罗伯特·索洛走上了对经济学的深入学习之路。1950年，索洛开始在麻省理工学院任教。他在教学中，一直在按自己对经济学的独立思考进行相关研究工作。索洛认为，每一次教授同样一门课，都会对这门课的体系和内容有一番新的体会。这便是超越了"照本宣科"的魅力，是经过独立思考后形成独特教学体验的有力证明。

独立思考，便是在外界的思想干扰自己的状态下，还能够保持自己独立的观点，不会因外界的打压而选择放弃。不管功利性的目的有怎样的远见，但想要保持自己的研究兴趣点是不易的。在尊重前辈、尊重权威的思想包袱面前，要想为自己赢得一席之地，没有对错理念进行奋起抗争的决心和敢于表达自己独立观点的勇气，是永远无法做到这点的。

在全世界，以色列的军队可能是最能打仗的军队之一了。但他们并没有我们想象的那样，军容和军纪非常严谨。在以色列，他们实行的是全员义务制兵役。这也就意味着，只要你是国民，那么无论男女，你都需要去当兵。一位退休的将军曾经对记者说，他认为以色列的军队之所以那么能打仗，是因为他们有培养独立思考的军官的传统。

在以色列的军队中，下级军官质疑上级军官的决策是值得鼓励的行为。他们会认为只要一个人言之有理，就有资格去质疑任何人。以色列的高级军官常常认为：在战场上，一旦战争打响，那么就没有什么所谓最好的规划，最重要的是大家的临场反应。也正由于此，以色列的军队会授予那些参与一线指挥作战官员们"将在外，军令有所不受"的决策权利。因为在他们看来，一个不敢质疑上司、没有个人见解的军官是一支部队中最要不得的人。

苏格拉底曾说："问题是产婆，它能对新思想的诞生有所帮助。"犹太人认为，那些只是一味地拥有知识而没有任何才能的人，都是一些"背着许多书本的驴子"，学习就要以思考为基础。犹太人在学习时，总会带着怀疑的心态去思考，随时提出问题。他们觉得问题是智慧的大门，一个人知道的越多，他的问题就会越多。只有多提问，才会使得一个人慢慢进步。

心理学研究表明：当我们的潜意识感觉到问题的存在时，就是可以进行深入思考的起点。那么没有任何问题的思维，只是一种浮于表面的思维；只有当一个人觉得自己需要问"为什么""是什么""怎么办"时，他的思维才算是开始真正运转起来。

解决问题使我们思考明确目标，一旦开启独立思考模式，将使我们的思想更加精确。仅凭自身努力，我们是无法达到这样的思考深度的。为了实现这一目标，我们需要锻炼自己的心理承受能力，去耐心倾听那些和我们意见不一致的人士的论证。这种"自虐"的行为目的是在独立思考之余，可以有效弥补那些对手所抓住的自己思考中的漏洞。如果我们相信自己所思考的体系毫无漏洞，那么安心了解其他人的论点，又有何不可呢？

最后还是需要强调一下本节开篇所要谈及的重要问题，我们没有必要在独立思考之余背负太多的情感包袱，从而暗淡了理性所绽放出来的光彩——那些人生的经历、梦想、所接受过的文化习俗等，都可以暂时放到一边。如果你认清了这些情感对你的独立思考能够带来的负面影响，你就需要同它们不断进行斗争——你接受还是拒绝一个立场或观点，你的情感上的羁绊永远不会是你最为重要的考虑因素！

心灵寄语

在很多情况下，我们在家庭中对孩子的反逆行为都有不可忍受的心态，甚至觉得"不听家长话的孩子不会有好结果"！如果我们能够打破这种认识偏见，相信孩子的独立思考能力，那么他这种日渐成熟的认知技能会代替即将老去的你，为孩子未来发展保驾护航！

敢于提问，完善自身的思考模式

当我们在看一篇文章，或是在听他人的一番阔论之时，都需要思考这样一个问题——“他（作者或演说者）到底想让我同意他的什么观点？”在这个问题得到解答之后，就需要进行另一个自我反思了：“他有足够的论据使我认可他的观点吗？我真的就没有任何问题去质疑他的观点吗？”

面对这些迎面扑来的海量观点，我们用“也许他说的是对的”或“也许他的观点是无懈可击的”等诸如此类的思路去理解，绝对是有益的。因为我们在确定一个人的推理结构是否符合你的认知时，应该将每一个被作者当成论据的理由进行思考。

我们首先需要认可作者是有资格用这些理由当成他的观点论据，就算你其实根本不接受它的实际论证效果。抛开你维持自己观点的私心，公平地去分析对方观点的理由，方能更加客观地找出对方推理的漏洞，将你的质疑打造得无懈可击，以完美的姿态抛向对手。

当然，这一思考过程是需要进行长时间练习才能形成的个人习惯，我们可以分阶段进行这种有针对性的锻炼。在犹太人的成长过程中，敢于提问，善于提问，是一直被不断强化的理念。不管是在学校，抑或是在家中，不管是老师还是家长，总会不断地鼓励孩子们提问。久而久之，犹太人自身就形成了一种善于质疑的精神，哪怕是在听到一个问题时，都有可能会选择用另外一个问题来回答。

美籍犹太人、诺贝尔奖的获得者赫伯特·布朗说：“我的整个童年时期，父母都鼓励我提出问题，从不教导我依靠信仰去自然而然地接纳一件事物，而是一切都要问个为什么。我觉得，这一点就是犹太人的教育比其他人略胜一筹的地方。”

有一天，一个人去一户犹太人家里做客，恰好赶上他们的女儿从幼儿园放学回家。女主人接回女儿进门之后，她并不是像我们经常所见的家长那样，关切地询问自己的女儿饿了没有，在学校受欺负没有，而是问女儿今天在学校有没有向老师提问过什么问题。

客人见状，有些发愣。在他还没反应过来时，他们的女儿就已经告诉妈妈自己的回答：“我今天提问了，我不仅问了老师，也问了同学。”接下来，在他们女儿的回答中，这个旁观的客人发现这个孩子在幼儿园除了上课学习以外，在观察外面的世界时一直都是带着怀疑的眼光：在看到树叶有红色的，还有绿色的时候，她会询问为什么会这样；在吃东西时因为想多吃饼干，别人却不给的时候，询问为什么会这样。总而言之，一天下来她几乎能问出来几十个“为什么”，所问的问题千奇百怪。更令这位客人大跌眼镜的是，她的母亲对她今天在学校的这些表现竟然流露出满意的神情。

在与这两个夫妻的聊天过程中，这位客人惊讶之处终于有了答案。原来，几乎所有的犹太人在很小的时候就都会一直被长辈问问题。在他们的女儿刚学会说话的时候，她的爸爸就经常问她：“你有没有发现今天与昨天哪里不一样呢？”当然，在父亲刚开始问这个问题的时候，他们的女儿回答的几乎一直都是——“今天和昨天没有什么不同”。

听到女儿这样回答，爸爸并没有责备她，而是告诉她，你可以每天都问别人10个你自己不懂的问题；在别人不回答你的时候，自己就去找答案。久而久之，他们的女儿就发现了每一天日子的不同之处。通过这样不断地提问，使得她的生活每天都充满了新发现，每天都是新鲜多彩的。

犹太人认为，学习应该以思考为基础，要敢于怀疑，敢于提问。只有如此，自身的知识才会不断地得到积累。这就如同我们经常在辩论赛中见到的那样的场景一样，提问本身就是一个能够不断促进我们本身思考的过程。犹太人在幼年时期学会的不是简单的“为什么”，而是用“为什么”去回答“为什么”，这样的思考方式永不停止。

我们来看一下反思、质疑“美国梦”的一位犹太作家的思想世界，在那里，我们可以体验到20世纪60年代整个美国文化那种怀疑否定、愤世嫉俗的时代文化特征。自然，身为犹太移民二代的很多人也同样陷入了这样的质疑与迷茫之中。其中，菲利普·罗斯所创作的《美国牧歌》成为这种质疑文化的经典著作之一。

《美国牧歌》写的是第二次世界大战之后一位名为西摩·斯维德的浪

漫悲剧故事。身为犹太人，他看上去却将所有现代美国人的价值观都吸收到了自己的意识之中。他在第二次世界大战中继承父亲的事业，从工厂的最底层做起，最终得以接替父亲的工作，成为百万资产的拥有者。

随后，他搬离了家乡纽瓦克市的犹太人聚居区，在美国白人生活区中心购买了房产定居下来。他娶了一名信仰天主教的传统爱尔兰移民后裔，同时是纽瓦克选美比赛冠军、既聪明又漂亮的“新泽西小姐”。婚后，妻子生下了一个漂亮女儿。斯维德似乎将移民到美国前三代的犹太人所有的野心都成功地在自己身上实现了，他深感自豪。

但是，当时的美国陷入越战泥潭，那动荡的社会现实影响到了他的家庭生活。他最爱的女儿走向了叛逆少年之路，随后又成为激进思想的恐怖分子。她用自制的炸弹连续炸死了四个无辜的人，使得西摩眼睁睁地看着自己所打拼的一切美好全部毁灭殆尽。西摩接连受到的沉痛打击，让他陷入了深深的困惑与自责之中。

犹太作家反思犹太文化，已经成为美国犹太裔作家的常见主题。但是赤裸裸地将犹太文化中的不足与丑陋展现出来，是罗斯敢于质疑本民族文化的勇气体现。罗斯所拥有的反叛意识，在作品中用个人与家庭、自我与社会、传统与现代等复杂的伦理道德冲突呈现了出来。当其他作家努力通过作品保持与珍视自身的犹太身份之时，罗斯则站在普世价值的角度深刻反思维护这一传统的必要意义。因为大量作品对自身民族性的质疑与反思，使得《美国牧歌》一书获得了美国普利策小说奖。

只有敢于质疑，才能突破自我设限，获得事业的成功。为什么很多人都无法取得成功呢？很简单——我们给自己设限了。往往还没开始做一件事情，我们的内心就会告诉我们：“我不行！”“我不能这样做！”简单粗暴的自我设限扼杀了人们本身的才能，甚至严重的时候，它会将人们局限在一个狭小的圈子里无法突破狭隘的眼界。

面对这种情况，犹太民族认为最需要做的就是先突破自我设限。犹太人认为，自《圣经》所讲述的历史以来，他们是一直处于受苦的位置上，但这并不能说明上帝遗忘了他们。他们认为，上帝能够将获取财富的智慧赐予他们，用以弥补他们所受的苦楚。在第二次世界大战时期，犹太民族遭受了重创，但这样的境遇却并没有打压犹太人想要过好生活的信心。他们并不认为自己会永远处于受压迫和欺负的位置，而是坚信通过自己的不断努力，可以为自己寻求崭新的社会定位，过上比前辈更加美好的生活。

也正由于此，犹太人追求财富的智慧在全世界都是位居前列的。他们在追求财富的路上从不进行自我设限，不会告诉自己“这件事很有难度”，而是对自己说“我能做成这件事”；他们不会告诉自己“估计我会搞砸了”，而是告诉自己“事情总会解决的”。

一个人要想突破自我设限，首先要做的就是在内心不断鼓励自己——这并不需要长篇大论的豪言壮语，只需要告诉自己“我能行”即可。当然，最重要的一点就是要把“我不行”这三个字从词典中剔除。犹太人在生活中始终强调的一点，就是人要突破自我设限，因为它是一个人通往成功路途中最大的绊脚石。突破自我设限，自身的见识就可以轻松到达别人到不了的高度，甚至是过上别人无法过上的生活。

心灵寄语

世上无事不可为。只要你敢想，保持自己的信念，那么一切皆有可能。过去不等于未来。过去的经历给我们带来了思想的枷锁，过去不能不代表以后不能。突破自我的思想枷锁，是创新的前提。相信自己，敢于提问，勇于质疑这个世界。只要我们能改变自己的心态，我们就改变了自己的世界。

怀疑比盲目信仰更值得肯定

《塔木德》说，“怀疑比盲目的信仰更加值得肯定”。在犹太人的世界中，拥有智慧的人，会抱着一种怀疑的态度看待自己学习知识的过程。他们从小开始就会对一切事情产生怀疑，就算是面对权威也是如此，大胆质疑权威的观点。

有一个生活在画家世家的犹太年轻人，他经过家人潜移默化的熏陶，从很小开始就希望自己将来能像家里的其他人一样，成为一名出色的画家。虽然他本身在画画上很有天赋，但他却有一个非常致命的缺点：总是盲目地信任和遵从大家的意见，并没有任何的主见。

有一天，这个年轻人完成了一幅自己的作品之后，自我感觉还不错，便将画拿给爸爸进行点评。爸爸瞟了一眼，撇着嘴说：“你这画太僵硬了。”他急忙让爸爸告诉自己关于这幅画的修改意见。之后，他再经过仔细修改，又拿给妈妈看。妈妈看完也给他提出了意见：“太不稳重了，很多人都不会爱看的。”

他再次进行修改后拿给哥哥看，哥哥看到后觉得他画得就像木头，依然需要修改。于是，他又一次地修改自己的画作。没想到这次修改完成之后，姐姐看不下去了。她用一种嘲讽的口气说：“天哪！这简直是被染料弄脏的一张纸。”

就这样，他无数次地按照别人的意见修改，盲目地信奉自己家人的评价，却唯独不相信自己。他不去怀疑自己家人提出的意见是否合理，而是盲目地按照他们的意见去修改。最终因为他没有形成自己的独特画风，更没有成为一名真正的画家。

其实，无论是人还是物，盲目的信仰会毁掉你最初的梦想。要想在这个世界更好地生存下去，获取属于自己的成功，就需要你用怀疑的思维看待世界。缺乏叛逆精神而固守传统的人，是很难取得成功的。要想在事业上成功，就需要我们不是一味盲目地相信身边的人和事，而是依靠自己的认知去走属于自己的路。

20世纪50年代的时候，以色列和英国有两个皮鞋公司都想要在太平洋的一座岛上开辟新市场。于是，这两家公司各自派了一名推销员到岛上去做市场调研。

那个英国公司的推销员一上岛，就非常失望，因为他发现岛上几乎所有的居民都没有穿鞋的习惯，都打赤脚走路。于是，这个推销员在第二天向英国的公司总部传回来了一封电报，上面写的内容是："本岛无人穿鞋，我将于明日乘机返回。"

但是那个以色列公司的推销员上岛之后，看到岛上居民都光着脚走路非常高兴。他并没有停留于自己观察的表面，而是真正进行了深入的调研，分析了岛上居民为什么不穿鞋的原因，并找到了精准突破口，能够有效改变岛上居民不穿鞋的习惯。于是到了第二天，这个以色列推销员向公司总部传回了一封电报，里面的内容是："太好了，该岛无人穿鞋，有广阔的市场发展前景！"

犹太人特别注重研习《托拉》（律法书）。这本书中所强调的哲理之一，就是——"怀疑比盲目信仰庸俗化道理显得更加正确"。当歧义出现时，对此加以怀疑，当然比盲目维护要显得正确。这则故事告诉我们，不管在做任何事情的时候，都要进行大胆怀疑，因为怀疑可能会发出对真理的认识。如果仅仅是盲目地信仰和维护，那么你的认知就只能永远停留在他人的后面。

安娜·斯洛是社会政治学博士，担任哈佛大学教授，是哈佛大学肯尼迪政府学院社会与经济研究所的前任执行主任。

身为一名犹太人，斯洛博士对于犹太文化中的质疑精神有着精准的认知。她在世界各地做关于犹太人成功秘诀的演讲。在演讲中，她这样说道：

正统派犹太人每天要花上12个小时来学习。一个犹太学者的一天通常是这样度过的：清晨起来花一个小时听老师讲解经文；在接下来的几个小时内，每两位同学需要再一次针对老师所讲解的部分进行学习。但是，这种学习并不仅仅是读课文，还需要相互提问题、辩论与质疑，甚至需要严厉地批判对方的观点。这样的学习方式会一直持续到下午，甚至在晚上也会这样辩论下去。除了周日之外，每天都是这样。

犹太学者们通过这样的方式，养成了自我敏锐的思辨能力和分析能力，更养成了辩论质疑和捍卫观点的能力。

我们说质疑别人，并不是怀疑一切，也不是为了质疑而质疑。质疑是自身思维高度与远度的展现，是一种对于生活理念与技巧的熟能生巧、巧则求变的发展过程。如果将质疑变成了怀疑一切，只会成为一个思想偏执的人，甚至导致自己的心理失衡。

那么，怎样进行正确的质疑呢?

我们应该明确的是，质疑有着时间、空间和场所的约束，是存在一定的边界限制的。超越这种边界限制的质疑，就容易出现难以控制的后果。

与此同时，虽然质疑是一种个人的权利，但同时也需要承担相应的义务。我们可以在追求个性的目标指正下，对于一切“一致性”的要求产生怀疑，但是不要忘记，我们是宣扬集体主义精神的国家，基本的道德规范所要求的认可与遵从，我们依然没有足够的力量与条件质疑并否定它的合理合法性。

从本质上来看，质疑与否定，如果不客观公正地利用它们，就会成为我们发展进步的障碍。我们要知道，质疑精神虽然是我们人生发展的重要品质，但绝对不是唯一的生活准则。真正能够引导我们走向明天的，是在质疑精神和其他优秀品质共同作用下，我们自己勇敢面对困难、解决问题的勇气和行动。

心灵寄语

读书贵有疑。宋人朱熹说:“读书无疑者须教有疑，有疑者却要无疑，到这里方是长进。”疑能打破迷信。盲目地迷信书本，这是读书一忌。孟子说:“尽信书则不如无书。”因此，要打破对书本的迷信，避免陷入盲目性，就要在读书时大胆见疑。当然，做人做事更是如此。

权威，是可以质疑的

在本书中，我们引用爱因斯坦的名言为论点提供证明，其实是向读者们展现权威的力量——正如其本人所说：“我竭力告诫自己要蔑视权威，命运却使我成了权威。”

犹太人心中并不存在绝对的权威，自然也不会盲目从属于权威的指导。在很多异族人眼中，犹太人的思想列车经常“脱轨”——伽利略、喀布拉都曾经向他们所处的那个时代的天文学权威进行挑战，还有其他犹太人在各种科学领域不断地向当时的权威发起挑战。当然，我们也能发现，敢于挑战权威的犹太人并不仅存于科学界。

如果我们多少了解过印象画派，我们可以知晓塞尚属于后印象画派的画家。身为传统犹太家庭的孩子，塞尚从小就体现出内向、孤僻的气质，人际关系也并不是很好。尽管他出生在一个相对富足的中产阶级家庭，他的父亲是一家银行的股东。但在塞尚看来，自己的父亲是一个“坚韧而且贪婪”的放贷人。因此，他非常反感父亲对自己的权威压制。在自己的职业选择与婚姻上，他一直对父权进行着无言的对抗，坚定地走自己的道路。

塞尚坚信自己在绘画上面是极富天赋的人。尽管他对在其之前的印象派画家毕沙罗和莫奈表现出欣赏的态度，但对这些印象派画家的权威，他有时也持不屑一顾的态度，甚至会有很不礼貌的咒骂之语：“毕沙罗是个老糊涂，莫奈是只狡猾的狐狸……我是唯一一个有禀赋的，我是唯一一个懂得如何运用红色的人！”

塞尚在他的一生，一直坚信自己对色彩的运用思想与方式是不容小视的。在他的笔下，印象派的那种虚弱、柔软的画风转变成一种带有力量的坚挺。在塞尚看来：“更聪明、更有计谋的艺术家或许会讨好公众，但是从本质上说，侮辱本身却是一种更为微妙的恭维方式。”塞尚“混”不进巴黎的艺术圈上层，甚至在那场著名的“落选者沙龙”中，自己所提交的作品都没有获得足够的重视。这种遭遇的不良体验，反而更加刺激了塞尚对自己才华的自信。

从塞尚学画一开始，他就遵循着自己的道路。从最初拿起画笔的那一刻，他就无视强加于初学者的各种绘画“戒律”。经过他长期对自己、画界、社会的斗争之后，晚年的塞尚终于进入了一种自我升华的人生境界：“我艰难地在从事着属于我的工作。我仿佛看到了那应许之地。我的命运会与那个伟大的希伯来领袖同出一辙吗？”

塞尚作为现代艺术的先驱，被西方的现代画家们称为“现代艺术之父”“现代绘画之父”。他对权威的反抗或许是极端的，甚至与拉斐尔在系统性学习之后方能独树一帜的理念背道而驰。但是，我们要知道，就算是需要经过系统学习，画家之所以能够脱颖而出，就需要拥有对世事灵敏的感悟力——这才是他们通往独立创造并获得认可的重要武器。

犹太人基本不迷信权威，因为他们从小培养起一种敢于质疑权威的精神。在历史传说中，犹太人甚至敢于挑战上帝的权威，和上帝进行直言争辩。用质疑的眼光看世界，使犹太人的思维受到禁锢的时间是非常有限的。只有禁锢少了，思维才会更加活跃。

现在我们再次与犹太大师们进行一番精神交流，来感受这样一种对权威进行质疑的重要意义。弗洛伊德与阿尔弗雷德·阿德勒同样属于精神分析学派的两位大师，也许他们彼此曾为同事关系——特别是阿德勒，曾于1902年参加弗洛伊德周三的讨论会，是当时精神分析学派的核心成员之一。但在后来的几十年间，阿勒德却成为弗洛伊德理论的反对者。

弗洛伊德本身在写《梦的解析》之时，对先于他的研究者进行梦的解读进行了基本的梳理之后，进而打破前期理论的束缚，形成了自己的理论体系。在医学史和心理学史上，弗洛伊德第一次使用了“精神分析学”这一概念。

随着《梦的解析》一书的出版，精神分析学的影响力逐步扩大。参加“周三心理学研究小组”的学者们日后都成了杰出的精神分析学家。随后，由于学术见解的分歧，精神分析学派内部出现了难以调和的矛盾，并导致了该组织的分裂。这时的弗洛伊德已经失去了往日对权威挑战的理解与支持，慢慢变成了一个权威主义者。但是，弗洛伊德过度强调自身的权威地位，事实上并不妨碍阿德勒沿袭着自己的思路对精神分析理论进行质疑。

阿尔弗雷德·阿德勒是奥地利精神病学家，个体心理学派的创始人。他作为一名与弗洛伊德同样出身的犹太人，成为在精神分析学派内部第一个反对弗洛伊德的学者。他将弗洛伊德的学说进行了改造，对其由生物学所定性出的本我意识，转变成为由社会文化所定性的自我心理理论。阿德勒并不完全反对弗洛伊德理论中性对人的影响，但是他也认为性的作用被有意夸大，它并不是决定人的行为意识方面的重要原因。

阿德勒从追随权威到反对权威，所坚持的自我见解导致了他与弗洛伊德的决裂。但是，他并不后悔，而是自立门派，将自己的理论进行发展。阿德勒说过这样一句话，体现了他独立思考的人生价值："人的一生很短暂，生命很脆弱，我们还需要不断地克服困难，完善自己，绝不能放弃努力寻求生命的意义。"

而我们为什么不能给那么多拥有创造力的孩子充分发展的自由空间呢？追根溯源和我们的应试教育是分不开的。哈佛教授安娜·斯诺在到北京讲课时，在了解了中国的教育模式后，说道："美国、中国和犹太教育的重要区别在于学习的习惯不同：对已知的理论，犹太人会提出自己的看法和质疑，美国人会自我进行探索，中国人习惯于被动接受。因此，中国学生最需要批判性和创造力。"

近年来，我们国家也一直都在提倡素质教育，去除填鸭式教学，为的是什么？都是为了让孩子能够拥有更多的创造力，而不是一味地复制只会被动接受知识的孩子。

犹太文化之所以能够打造出一代又一代优秀的人才，他们对智慧的追求便是从质疑开始的：学生质疑教师，教师质疑导师，导师质疑专家……雅斯贝尔斯认为，权威既来自外部，但同时它又总是发自人们的内心。审慎地选择权威的观点，而又盲从这个权威，这才是我们面对权威的正确态度。

质疑权威，便是与权威背后的强权进行勇敢而执着的抗争！

心灵寄语

犹太著名哲学家斯宾诺莎说：“教育的目的，在使儿童成为自主自治的人，而非受治于他人的人。”我们教育下一代，不要期待他们时刻追随我们的脚步，走我们为他们铺设好的道路。我们没有理由强迫他们一定要接受我们的认知与经验，因为我们无法真正控制孩子们的人生。让后来者敢于向我们发起挑战，本身也是超越自我的一次主要飞跃！

第十一章

效果，思考的目的

思想是一种过程，思想也是一种结果。这并不是一句故弄玄虚的废话，它代表的是人在行动之前所有的意识流动与终点。思想的归处，是在其指引之下的行为效果，进而通过这个效果产生新的经验与认知。

当犹太作家普鲁斯特将他的所思在笔端写出的时候，便是惊艳了岁月的似水年华；当犹太音乐家门德尔松用他的所感在谱间流淌的时候，便是驰骋在圣殿的华丽赞歌……犹太民族是重实效的民族——他们充分吸收着自然与社会给予的养分，将自己的所思所想凝结成了人类共同的思想精粹，散发出醉人持久的清香！

珍惜自己的工作，坚定行走的方向

人们都希望自己的人生能够活得充实，但是却忽视了工作也是生活中的一部分。人的一生中，除去休息时间，绝大多数的时间都花费在了工作上。所以，要想人生能够精彩充实，就必须对工作有足够的敬重。我们需要认清楚工作的意义，它是我们谋生的饭碗——哪怕是即将退休之前的最后一刻，也要做好自己的本职工作，保护好自己的饭碗。

在现实中，我们可以看到人们对工作的各种态度：有的是为了糊口而浑浑噩噩；有的是不情不愿，叫苦不迭；而有的是把工作当成了事业和爱好，认真努力去完成。而只有最后一种人能体会到工作的乐趣，能在岗位上发光发热。

了解一些美术史知识的人都知道，毕加索是现代派美术的代表画家。

毕加索的画风是以抽象的形式表达现实的内容，为这个犹太裔画家赢得了不凡的艺术地位。但是，80%的人又不得不承认，自己是看不懂毕加索的画作的。那么，毕加索又是怎样看待自己的画作和艺术成就的呢？

巴伯洛·毕加索于1881年出生于西班牙马拉图的一个犹太人家庭，于1892年在拉利鲁纳艺术学校的绘画班进行专业学习。

作为一个绘画界的天才画家，毕加索终其一生创作了近六万件艺术作品。其作品的体裁涉及油画、素描、雕塑、版画等艺术表现形式。作品数量之多，题材涉及面之广，几乎没有几位艺术家能够与之媲美。在毕加索极其漫长（他活了92岁）的艺术创作生涯里，他几乎准确无误地做成了他想做的任何事情。可能连他自己也不知道，为什么十八般武艺到他的手里，他能够做到样样精通的程度。

毕加索曾经这样说道："线条与色彩就是我的武器。我正试图用我的方式去表现出我认为是最正确、最美好的一切，自然也是像所有伟大艺术家所熟悉的最美的一切。"在所有画家之中，毕加索既对自己对美的感知最为自信，又对自己能够将美充分展现出来最为自信——所以他经常去做那些貌似将美进行摧毁的举动——因为他知道，真正的美是不可能被摧毁的，也知道怎样将美在他的笔下绽放出夺目的光彩来。

"三百六十行，行行出状元。"说的就是这样的道理。一个人，只有投入全部的热情和精力在自己所从事的职业中，才能最大限度地发挥自己的作用，才能无愧于自己的良心，才能实现其人生的价值。

犹太人认为，如果在工作中，你拿饭碗作抵押品，迟早会大祸临头的。这就像是一个人如果陷入贪婪的欲望中，只会让自己落入他人设好的圈套，从此以后身不由己，说着言不由衷的话，做着违背自己意愿的事，轻则弄得狼狈不堪，重则身败名裂，到时候悔之晚矣。

事实上，本书对所有关乎犹太思想方面的评论是有很多顾虑的，因为思想研究是复杂的，甚至旁逸斜出，难以尽述。但如果绕开斯宾诺莎去谈论犹太人的思考之路，必然是不够全面的。行走在自己的路上，是斯宾诺莎一直在做的事。他并不知道，在那条他自己披荆斩棘所开辟出来的小路上，行走着多少伟大的思想家与哲学家！

斯宾诺莎于1632年11月24日生于阿姆斯特丹，从小生活在传统的犹太家庭中。他的父亲在阿姆斯特丹做进出口贸易，并担任犹太人公会会长和犹太教会学校校长。斯宾诺莎凭借着优越的条件，得以进入当地的犹太神学校，系统学习希伯来文、犹太法典以及中世纪的犹太哲学等专业。与此同时，他也接受了拉丁语的学习与训练，并以此作为契机，接触到了大量先进思想家的作品。

随着阅读量不断增长的，是斯宾诺莎越来越反感正统犹太学说、追求他的思想真理的决心。终于，在斯宾诺莎24岁的时候，他被逐出了犹太教会的会堂。最后，他因为其格格不入的思想理念，被驱逐出了犹太人居住区。

在斯宾诺莎被犹太教除名的仪式上，犹太教徒们对他进行了最为恶毒的诅咒：将不会有人愿意与他交谈，不会有人愿意与他接受、相处和阅读他的文章。斯宾诺莎成为族人眼中的叛徒，就连家人也在气愤之余断绝了与他的关系。犹太教徒恨他，基督教徒也同样恨他。他被尘世社会所隔离，从而在哲学世界中自我沉沦……

斯宾诺莎是一个在沉默中用自己的笔作刀枪的勇士，凭借着一己之力与整个宗教体制做着坚决的斗争。斯宾诺莎是孤独的，同样他也是自信的。自己的《神学政治论》就算是匿名出版，就算被教会列为禁书又如何？斯宾诺莎认为:“由于痛苦而将自己看得太低，就是自卑。”

斯宾诺莎的死去是悄无声息的，但他的思想却深深影响了整个西方哲学体系，对后来的哲学家，包括谢林、费尔巴哈、马克思等人都有深刻的指导意义。他的头像曾被印在了荷兰纸币上，他的自信也终于成为整个热爱哲学之人的信仰!

犹太人认为，在很多时候，不管是工作还是生活，都要谨慎思考，千万不要拿自己的饭碗作抵押品，一味地贪婪冒进，最终只会让自己过得越来越不堪。对生活饭碗是否珍惜，是你对现世生活态度的证明。如果我们连自己的营生手段都看不起，那么我们将不会珍惜所得到的一切。

在犹太人居住区，我们会发现，不论是粮店、鱼店、肉店、水果店……哪怕是一个不足称道的职业上，工作的人们都会以一种极高的热情参与其中。食品制造业从来不是最低级的粗糙的工作岗位——试想，有什么比食物更被人们的生存所需要呢？食物可以为人体提供能量，并可以不断地进行消费。哪怕所售卖的对象是一个小小的土豆，犹太人也能让其为自己产出最大的经济利润。

第二次世界大战爆发不久，辛普洛特通过渠道得知正在前方作战的美国部队需要大量的脱水蔬菜。他觉得这是一个非常好的赚钱机会，便没有丝毫犹豫，买下了当时全美最大的一家蔬菜脱水工厂。随后，他在这家工厂专门加工脱水土豆这一项蔬菜，用于军队的脱水蔬菜供应，也因此走上了致富的道路。

20世纪50年代初，一位化学师发明了冻炸土豆条的方式。当时，很多人并不看好这一土豆制作工艺的前景，但是辛普洛特却认准了这种新产品，觉得它会有很强的市场潜力。他将那位化学师高薪聘请到自己的工厂，生产出了大量的冻炸土豆条进行售卖。辛普洛特并没有失望，这个产品一经上市，便深受消费者好评。因此，他得到了巨大的收入。

后来，辛普洛特发现炸土豆条并没有将土豆所具有的所有潜力完全发挥出来。因为那些经过筛选之后的所剩下的土豆残余物被扔进了垃圾堆里，并没有物尽其用。辛普洛特认为，如果能够将土豆的这部分剩余物重新加以利用就好了。经过他的思考研究，他将这些土豆剩余部分掺进了谷物之中，成为牲口饲料的一部分。

工作确实不分高低贵贱——事实上，没有卑微的工作，只有在平凡工作之上自觉卑微的灵魂。犹太人正是具备这样的淡然心态，所以他们连很微小的生意都不会轻易放弃。他们重视的是通过工作所体现的效果，也就通过工作获得怎样令他们感到满足的财富。

心灵寄语

犹太人对工作选择和我们的传统观念确实不一样，他们没有“士农工商”这样的阶层文化背景，也不会介意钱是如何赚到自己手中的。拉三轮、扛麻袋的体力劳动，与当老板、做学者的脑力劳动一样，都需要有人认真去做。消解对工作的偏见，正是一个人具有平等世界观的体现。

情绪影响效果

凡是决意要成功的人，都会注意控制自己的脾气。因为他们深知，冲动行事，容易导致全盘皆输的下场。犹太商人在做生意的过程中便是这样，他们都非常理智。因为他们认为，一旦情绪冲动，可能出现自己无法承担的后果。

一位犹太演讲家就特别重视管理自己的情绪，特别是在每次演讲前的情绪调控。他还总结了很多能够排除各种干扰、保持良好情绪的方法。

有一次，他要在一座城市中做一场大型的演讲。在演讲前，他照例调整自己的情绪。当他和他的助手到一家饭店吃饭时，因为要赶时间，他与自己的助手只是简单地点了一些饭菜，就开始急匆匆地吃了起来。就在吃饭的过程中，助手突然“啊呀”地叫了一声。这位演讲家抬头，发现助手的眼睛一直盯着汤碗。于是，他顺着助手的目光望去，原来汤碗中漂浮着一只死臭虫。

助手气急败坏起来，他认为一定要找店家去理论，没想到却被演讲家拦住了。他对助手说：“我们还有更重要的事情要做，还是快走吧！”在演讲家的演讲过程中，助手一直不高兴，因为他担心这次的事件会让演讲家的情绪受到干扰，进而影响到演讲的效果。可令他没有想到的是，这次演讲非常成功。因为在整个演讲过程中，这位演讲家的情绪都是非常稳定和饱满的。

演讲结束后，满腹不解的助手向演讲家请教，为什么他的情绪不受臭虫的影响？演讲家对他说：“其实我一开始看到那个臭虫也是感到很厌恶的，不过我很快就调整好自己的心态，因为我责问了自己一句话。”

“什么话呢？”助手非常好奇地问道。

演讲家说：“难道一个小小的臭虫就可以支配我的情绪吗？”

是的，坏情绪是不能支配我们的情绪的，因为我们还有很多比它更重要的事情去做。如果这位演讲家因为一时的冲动，而不好好演讲，那么演讲失败对他的伤害可比那一只臭虫要大得多。

科学家们发现坏情绪对我们的健康非常有害，那些经常发怒和时常心存不满的人患心脏病的概率非常大。哈佛大学曾经对1600名心脏病患者进行了一次调查研究。研究结果显示，在这些患者之中经常焦虑、抑郁和脾气暴躁的人患心脏病的概率比普通人多3倍。

《塔木德》认为:“痛苦之中蕴含着一种力，而且痛苦是一笔财富。”控制情绪，在心理学的概念中，是指对情绪进行管理。情绪管理是指通过研究个体和群体对自身情绪和他人情绪的认识、协调、引导、互动和控制，充分地将个体与群体的情绪智商挖掘出来，并有意识、有导向地进行培植，培养驾驭自身情绪的能力，从而保证个体和群体保持良好的情绪状态，进而产生较好的社会影响。

当我们自己不能控制自己的情绪时，就问自己一句：被这件事情干扰到自己的情绪是一件值得的事吗？要是不能忍受任何一点儿的委屈，冲动之下就会做出一系列的事情，那么很有可能会就此失去一份好心情、一份好工作。但当你从坏情绪中挣扎出来后，就会对此感到追悔莫及。所以千万不要因为自己的一时不能控制，就让自己陷入坏情绪中，那样既伤人又伤己，会让你得不偿失。

别冲动，不让坏情绪缠身，一直能够保持一种良好平静的自我心态，那么，这就是你主宰自我的一个基础。因为情绪的好坏将直接影响你自身的健康和工作效率。有效地控制和管理好自己的情绪，让自己摆脱纠缠，从病态中康复，让工作更有效率。

在第二次世界大战期间，纳粹的集中营里有一个名字叫玛莎的犹太小女孩。她为世人们留下了这样一首诗：

这些天我一定要节省，虽然我并没有什么金钱可以用来节省；

我一定要节省健康和力气，让它们足够支撑我很长时间；

我一定要节省我的神经、我的思想、我的心灵和我的精神之火；

我一定要节省流下的泪水，我还需要它们很久很久。

我一定要将忍耐节省下来，我需要得太多了——

情感的温暖和一颗善良的心灵，

这些东西我都是缺少的，

所以我一定要将它们节省下来。

因为这一切都是上帝的礼物，我希望保存得久些。

如果我很快就将它们失去了，我将多么悲伤。

控制泪水、不安与恐惧感——情绪控制能够为一个身在绝境之中的小姑娘带来如此多的期待，更何况生活在和平年代的我们？

大家应该都听过“飞蛾扑火”的故事：小小的飞蛾一味地扑火，下场就是灰飞烟灭。这个故事也告诉我们做事要谨慎，不冲动，用理智去思考，然后再决定自己该怎么做。

对自己情绪的管理，并非是让人将自己的痛苦压抑在心底不被人所知，而是用一种恰当的方式表达对痛苦的感受。根据马克·波罗夫斯基对痛苦文化的人类学研究，发现犹太人对身体的不适，比非犹太人更加能够做出积极反应。

美国犹太裔心理学家、普林斯顿大学教授丹尼尔·卡尼曼认真研究了“你是愿意选择一分钟的痛苦，还是愿意选择一分半钟的痛苦”这个看上去并不难回答的问题。他的研究成果和我们普通人的想象完全不一样，并因此提出了“峰终定律”（Peak-end Rule）。

卡尼曼的峰终定律是这样一种理论：我们现在正在感受到的自我（体验自我），和我们对一段经历的记忆自我，两者并不是等同的。因为体验自我是我们当下的即时体验，随着时间的流逝而累积起来；而记忆自我则是一段经历之后我们总体的记忆感受。人们对过去事件的情感性记忆，仅限于在这一经历过程中的事件发展高潮（正向发展或反向发展）与事件最终结局（好的结局或坏的结局）时的感受，而事件发展的过程对人的记忆自我感受并没有任何影响。丹尼尔·卡尼曼也由于这个理论，获得了2002年的诺贝尔经济学奖。

通过对这一理论的解读，我们似乎理解了母亲生育孩子的感受变化过程：女性在生育过程中感受到的是一种分娩的痛苦；有些人疼了一个小时，有些人疼了一整天——但是最后的结果是快乐的，因为你见证了自己宝宝的出生时刻，这也是一个母亲最幸福的时刻。因此，当她回忆起这段经历的时候，便会自然地对那些还没有分娩经历的女孩子说："生孩子不疼！"其实她知道还是当时的"体验自我"是感觉非常疼的，并且她能够对当时最终时期的感受依旧心怀畏惧；但是"记忆自我"却会认为，虽然生产过程是痛苦的，但是整体上来看，孩子带给自己的快乐不是更多吗？既然结果是美好的，那又何必去记住生产时的那种痛楚感呢？

所以，控制情绪的最终目的是什么？是用总结整个事件的利弊得失，去为记忆自我谋求一个美好的结局；而那种经历痛楚的体验自我，却只是暂时的，是可以被美好结局冲淡的体验，是容易被我们自身忘却的东西。不论过程如何，对整体事件进行定性的，是你的记忆自我。当我们用理性去辨别出什么是重要的，那么就会更加理智地控制好自己的情绪，超越过程中所带来的痛苦体验。

很多成功的犹太人士都是能对情绪收放自如的。因为情绪不仅是一种情感的表达，更是一种重要的生存智慧。如果控制不住自己的情绪，就会给自身带来毁灭性的灾难。

心灵寄语

也许我们无端地受到别人的指责和误解，内心感到十分痛苦和煎熬，甚至会在理性崩溃的边缘徘徊。但是不管怎样，一定要学会控制自己的情绪。因为上天要是想毁灭一个人，必先使其疯狂。冲动不仅不会成全了我们，反而会毁了我们。

急中生智，旋乾转坤

有两个犹太人在出门的时候，不小心掉进河里。因为他们都不会游泳，所以他们只能不停地在水中喊叫:“救命呀！救命啊！”但是，过往的行人并没有任何人对他们进行救助。后来，路边走过来两个俄国警察。以为自己能得救的两个犹太人更加大声地喊着“救命”，但他们却听到那两个警察高兴地说:“让他们淹死算了。”

见到这样的情景，其中一名犹太人急中生智，大声地高喊道:“打倒沙皇！”这一句话就像捅了马蜂窝一样，那两名警察马上跳到水中，将他们捞起来逮捕归案。由于警察的“捕捞”，他们也顺利地脱了险。

这就是犹太人的智慧，当发现一条路走不通时，急中生智，换一种方法就能快速扭转乾坤。做生意，也是如此。很多企业发现一个奇怪的现象，往往是在销售的最后阶段，客户会变得无动于衷或是犹豫不决。面对这种情况，企业可以选择稍稍利用一下激将法进行这“最后一公里”的营销。只要运用得当，激将法产生的效果是非常明显的，就如同上面那两个落水的犹太人的做法一样。

一位犹太保险销售员在向他的客户推销保险时，发现客户对该保险产品的内容进行了解之后，却迟迟不愿意签保险单投保。于是，他急中生智，想出了一招激将法进行劝说。

犹太销售员对这位客户说:“当前很多负责任的先生都会为自己的妻子和儿女购买合适的保险，因为他们觉得为自己的妻子和儿女投保，保证他们的平安是自己最大的光荣和责任。尤其是为他们购买人身安全保险，这不仅是一种投资，更体现丈夫对妻子的呵护、父亲对子女的无限关爱。在我的很多客户中，先生为他们的妻子和儿女买保险都是毫不犹豫地签单的。像您这样犹犹豫豫的情况，我见到的是比较少的……”

客户听了这一番话之后，说道:“其实，我想还是等过一段时间再说吧！”

犹太销售员再接再厉，继续使用激将法刺激客户:“我想这不是您的真正理由吧！您没有真的把做丈夫和父亲的责任放到足够高的位置去重视。如果您真的关心他们，就会期待他们时时刻刻平安幸福，为他们买保险是关心他们的重要体现啊。而现在，您的妻子和儿女都没有人身保险去保护他们的人身安全，我真的看不出您对他们到底有多么关爱……”

其实，那个客户确实是一位优秀的丈夫、称职的爸爸。在听了犹太销售人员的话，他便下了决心说道：“那就买两份保险吧，反正是为了他们，而且，我其实也不在乎这两份保险的钱……”

犹太销售员说：“那是啊！您这样做真是太明智了！那么我们现在就来填一下投保书吧！”就这样，犹太销售员很快就获得了客户的签单。

在犹太销售员看来，客户在很多时候并不是不愿意购买保险，只是心中还在犹豫。这个时候，销售人员就需要给予他们一剂强心针，才能使客户快速签单。

当然，有些客户在购买产品的过程中，往往会非常容易产生较强的好胜心理。这个时候，销售员可以选择针对其好胜心理对症下药，促使他们快速成交。

一位先生陪自己的太太逛商场，他们来到了服装专卖的柜台。

犹太销售员笑盈盈地前来招呼他们：“这位夫人，请问您需要什么？”

“随便看看。”太太一边挑选衣服，一边回答道。

“这是我们刚到的货……这一款是今年非常流行的……”销售员在介绍产品时，发现那位太太好像没有什么兴趣，便转过来对那位先生说：“这位先生，您需要一点儿什么？”

先生很直接地回答：“陪老婆一起逛街的。”

“真羡慕你们。您太太长得漂亮，有气质，再加上您给她做参谋买衣服，她一定能够买到合适的衣服。您的太太要是穿上那套衣服，一定很迷人的……”犹太销售员一边与先生攀谈，一边不时扫一眼挑衣服的那位太太。

突然，那位太太在一件衣服面前停顿了一会儿。犹太销售员马上停止了攀谈，上前取下衣服，说：“您真有眼光，这一款比较适合您这样有气质、身材好的女士穿。这样吧，先穿着试一试。”

那位太太没有反对，犹太销售员便让人引导太太去试衣服去了。试穿后，那位太太发现衣服实在是太适合自己了，便产生了购买的念头。但是，她询问了价格后觉得太贵，对买还是不买始终下不了决心。

此时犹太销售员就转过身来对先生说："您看您太太喜欢那套衣服，但是面对自己喜欢的东西却犹豫不决，您作为丈夫应该帮她拿拿主意。"

那位先生说："买不买还是她做决定吧！"

犹太销售员在这个时候就笑了："像您这么尊重妻子、爱妻子的人，真是个好丈夫。不过，爱妻子就要表现在行动上，作为男人看到自己的妻子喜欢什么，应该尽量满足她，您说是不是？衣服的价格虽然贵了一点，但品质特别好，有好几位男士专门在我这里买衣服送给妻子呢。"

那位先生听到犹太销售员这么一说，心想："不就是几十块钱的价格差异吗？别人能买得起我也能买得起。"

于是，那位先生就说："买了，不在乎贵那么一点儿了。"

很显然，这名犹太销售员抓准了男人的好胜心理，以及在公众场合爱面子的心理。在他太太购买衣服犹豫不决时，急中生智用言语刺激那位先生，从而促使交易顺利成交。

总之，不管是在卖东西还是买东西时，在犹太人的认知中，急中生智相处的办法总是能够带来意想不到的好处，甚至有的时候还能起到扭转乾坤的效果。

心灵寄语

智慧是可以在平时的多想多练中慢慢锻炼出来的思维方法，但是急中生智反映出一个人的应变能力。应变能力可能是出于本能，也有可能是经过充分思考之后所作出的应对之策。社会竞争不断地加剧，每个人面对的压力都是繁重的。我们需要提升自己的应变能力，才能在社会中实现较好的效果。

以退为进，适时地示弱赢得人心

在犹太人看来，越是高明的人待人处世，越会特别注意藏锋露拙，以退为进，再加上适时地示弱，从而赢得人心。

以退为进，适时示弱，并非是要人无视自己的智商，而是为了保护自己，不导致祸端，从而更好地发挥自己的才能和专长。追求卓越和超凡出众，本身是一种积极的人生态度。但一味孤芳自赏，无视周围环境，就会与人格格不入，招人厌恶。

有一家电子产品公司的销售员是犹太人。一天，这个犹太人向公司的一位老客户推销新一代产品时，和老客户在产品价格上产生了分歧。老客户要求将新一代产品按照原来产品的价格批发给他，这让这名犹太销售员觉得很为难。毕竟是新一代产品，科技含量和原料价格都比原来要高许多。但为了不失去这个老客户，这位犹太销售员决定试一试以退为进的策略。

犹太销售员说:“您提出的这个价格实在让我们无法接受啊。”

老客户说：“现在市场不景气，产品都不好卖。如果新产品要提高价格，那么让我们怎么卖出去？这样吧，我也给你透一个底，要么按照原价，我们进一点儿货；要么暂时不进货，等市场好转了以后再说……”

犹太销售员说道:“您也是我们的老客户，我们的产品性能您是非常了解的。可这次毕竟是新产品，价格肯定会高点。您要是按原来的价格批发，我们会赔本的。要不这样吧，我退一步，给您原来的价格，但前提是您必须再多订点货，产品数量由现在的50件增加到100件，您看怎么样？”

老客户说：“现在市场不景气，我们进50件就已经够多了，进100件……”

犹太销售员说:“是啊，现在市场不景气，我们产品的利润已经非常低了。现在，新产品按照原来产品的价格批发给您，几乎是赔本的买卖。而您多进一点儿货虽然风险大一点儿，但是进货的价格低，利润空间大啊！况且这个优惠条件还是我从领导那里好不容易争取来的，您还是我们公司第一个享受这种优惠的客户……”

老客户权衡了一下利弊，觉得犹太销售员退让了一步，自己退让一步也不会有太大的风险。虽然进货过多，但是新一代产品的零售价肯定比原来的要高一点，这样利润空间也就变大了很多。于是，老客户最终签了单。

有时候以退为进，更有可能成功。锋芒毕露有时给自己带来的并不是成功，很有可能是灭顶之灾。

联合利华是犹太创立的企业，在以退为进的经营之道的运用之中，也同样获得了超凡的效果。

联合利华在非洲的东海岸设有大片土地，用以栽培食用油的原料——花生。第二次世界大战结束之后，非洲各地纷纷开展民族独立运动，因此联合利华所拥有的这些肥沃的田地被这些独立的非洲国家政府一块块没收回去。由于公司的财富来源毫无预料性地被切断了，使联合利华在当时面临着非常大的财务危机。

作为联合利华的总经理，柯尔亲自来到非洲，想要通过一些门路进行公关交涉。面对当时非洲日益高涨的民族解放运动，柯尔对联合立华在非洲设立的友那蒂特公司下达了六条指示：

第一，在非洲各地所有本公司下属子公司系统的首席经理人，需要以最快速度聘用非洲人；

第二，立即取消非洲人与白人在薪酬上面的差异，采用同工同酬的方案；

第三，针对非洲人的干部培养与选拔，在尼日利亚建立经营干部的培训机构；

第四，应快速采用利益共享的商业策略；

第五，以寻找公司生存的途径为主要目的；

第六，不应过多被面子上的问题所限制，应该将如何创造最大利益为主要任务。

联合利华的上述六条决定看上去是对此次运动的妥协退让，甘心放弃公司的部分盈利为代价，而后来的事实证明，柯尔的决定不但没有为公司带来任何经济损失，反而从中获得了巨大的回报。

在与各国新政府进行交涉中，柯尔坚持运用以退为进的策略行事。这种坦诚的态度使政府大为感动，因此愿意保证联合利华公司在非洲的经济利益，甚至为其开放了政府专卖的权利。就这样，在这场非洲独立运动之中，其他一些欧洲公司都受到了不同程度的损失，只有联合利华在非洲不但平安地度过这一危机，还在当地政府的帮助下获得了一定的发展。

锋芒可以刺伤别人，也会刺伤自己，运用起来应小心翼翼，平时应插在剑鞘中。所谓物极必反，过分外露自己的才华只会导致自己的失败。尤其是做大事业的人，锋芒毕露既不能达到事业成功的目的，又有可能失去了身家性命。

所以，真正聪明的人都懂得以退为进，适时地示弱，该装糊涂时装糊涂，待机而行动。犹太人认为，一个人的才华不可外露，要懂得韬光隐晦之道，才不会招致世俗小人的嫉恨，事业才会一帆风顺地发展下去。

试想一下，当你以低姿态对人说“我遇到了一个问题，不知道你是否可以帮我”时，你会发现对方的脸上肯定会写满得意和热情，他们会很高兴地替你想办法，给你提建议。

犹太人认为，在向别人请教时，要做到先在脑中思考好问题，提问切忌复杂麻烦，但是也别显得低级愚蠢。假如你不确定自己的问题是否得当，你可以这样说：“我觉得这个问题有点愚蠢，但说实在的，我真的有些弄不明白……”这样可以表现出你的坦诚，可以让对方为你增加不少印象分。

心灵寄语

以退为进，重视的是这一策略运用之后的效果。正如韩信甘受胯下之辱一般，需要宽容的态度与极强的忍耐力。有时候，你向别人请教问题，并非你真的不懂这个问题，而是为了找机会与对方搭讪。你可以适度示弱，从而与对方建立交际关系。这样一来，你就拥有了人脉，为你以后的发展打下了基础。